GÜTERSLOHER
VERLAGSHAUS

Gütersloher Verlagshaus. Dem Leben vertrauen

HANS CONRAD ZANDER

Der erste Single

JESUS, DER FAMILIENFEIND

GÜTERSLOHER VERLAGSHAUS

Bibliografische Information der Deutschen Nationalbibliothek

Die Deutsche Nationalbibliothek verzeichnet diese Publikation in der Deutschen Nationalbibliografie; detaillierte bibliografische Daten sind im Internet über http://dnb.d-nb.de abrufbar.

FSC
Mix
Produktgruppe aus vorbildlich bewirtschafteten Wäldern und anderen kontrollierten Herkünften
Zert.-Nr. GFA-COC-001262
www.fsc.org
© 1996 Forest Stewardship Council

Verlagsgruppe Random House FSC-DEU-0100
Das für dieses Buch verwendete FSC-zertifizierte Papier *EOS* liefert Salzer Papier, St. Pölten, Austria.

1. Auflage

Umschlagbild: Borislav Sajtinac © VG Bild-Kunst, Bonn 2010
Satz: Satz!zeichen, Landesbergen
Druck und Einband: Friedrich Pustet KG, Regensburg
Printed in Germany
ISBN 978-3-579-06531-1

www.gtvh.de

Inhalt

1. Kapitel

Jesus, der erste Single

Eigentlich, so meinen manche, eigentlich gebe es nichts, was die enthemmte Phantasie der jüngsten Jahrzehnte nicht hineinprojiziert hätte in Jesus Christus.

Kaum hatte er als »Jesus Christ Superstar« am Broadway rauschende Erfolge gefeiert, zog eben dieser Jesus schon als linker Libertador der Dritten Welt schussbereit durch Leonardo Boffs brasilianischen Urwald. Bei Adolf Holl – »Jesus in schlechter Gesellschaft« – trafen ihn die Österreicher als sympathischen Asi-Kumpel in Wiens berühmten Männerheimen. Bald danach begannen aber die Deutschen, von Franz Alt erleuchtet, ihn als »ersten neuen Mann«, ja als »gekreuzigten Frauenfreund« anzubeten. Durch alle Evangelischen Kirchentage nachtwandelte er politisch perfekt korrekt als netter, vorurteilsfreier deutscher Sozialromantiker. Bis wir von Joseph Ratzinger erfuhren, dass er, bei aller ökumenischen Nettigkeit, weiterhin als »Dominus Jesus« zu gelten habe, als göttlicher Stifter des unfehlbaren Papsttums. Im Da-Vinci-Code irrlichterte er als amerikanisches Gralsgespenst im Pariser Louvre herum. Auf den verschlungenen Wegen der evangelischen Theologie trekkt er als »Wanderradikaler«. In Martin Scorceses »Letzte Versuchung Christi« outete er sich, im Dunkel der Kinosäle, als neurotischer Bordellbesucher. Bis erst Mel Gibson ihn mit zwei

Stunden Blut, Horror und Gewalt zum erfolgreichsten Kino-Heiland aller Zeiten machte. Und kennt ihr schon den neuesten Jesus? Das ist »Manga the Messiah«. Als strahlender Twen der japanischen Comics führt Jesus eine Schar von kulleräugigen Teenie-Aposteln zum gloriosen österlichen Sieg über die wüsten alten Männer, die ihn ans Kreuz genagelt haben.

Vom brasilianischen Libertador zum japanischen Manga-Komiker – nichts, wirklich gar nichts, meinen manche, hat uns die moderne Hemmungslosigkeit an Jesusbildern erspart.

Das meint auch der katholische Theologe Norbert Scholl und hat dafür eine Erklärung, die auf den ersten Blick einleuchtet: Weil alle Jesus brauchen, braucht jeder sein eigenes Jesusbild.

Irrtum!

Es gibt einen Jesus, den Unzählige dringend bräuchten. Und doch wagt keiner, ihn auszuphantasieren: Jesus als Vorbild und Modell des christlichen Familienvaters. Nicht einmal der Märtyrerin christlicher Familiengläubigkeit, nicht einmal Eva Herman kam es je in den Sinn, Jesus Christus dem fernsehgläubigen Volk als Super Daddy vorzustellen. Ja sogar Kardinal Meisner, der sonst die christliche Familie als das irdische Abbild der himmlischen Dreifaltigkeit anbetet, selbst er, der leidenschaftlich gern in jeden theologischen Fettnapf tritt, hat noch nie im Kölner Dom über Jesus Christus als den idealen Papi gepredigt. Auch seine spirituelle Freundin, Gloria von Thurn und Taxis, sonst so unerschrocken, schreckt bisher noch davor zurück, Jesus Christus als das Urbild des bayerischen Familienvaters anzubeten. Unter Myriaden abenteuerlicher Jesus-Wunschbilder ist dies das einzige, das sich aller, auch der verwegensten Phantasie versagt.

Warum? Sonst geht doch alles. Warum dieses eine nicht?

Weil es das Evangelium nicht zulässt. Das Evangelium Jesu Christi, sonst für fast alles verbiegbar und verdrechselbar, in diesem einen Punkt sperrt es sich absolut. Lukas 14. Kapitel, Vers 26: »Es ging viel Volk mit ihm, und er wandte sich um und sprach: Wenn jemand zu mir kommt und hasst nicht Vater, Mutter, Frau, Kinder, Brüder, Schwestern, dazu auch sein eigenes Leben, so kann er nicht mein Jünger sein.«

»Hassen« ist ein krasses Wort aus dem Munde dessen, der sonst die Sanftmütigen seligpreist. Doch so krass steht es im Evangelium selbst, und zwar ausgerechnet bei Lukas. Bei dem sonst so feinsinnigen, hochgebildeten und netten Frauenversteher Lukas steht diese Aufforderung Jesu zum radikalen Bruch mit der Familie. Am interessantesten ist der Vordersatz: »Es ging viel Volk mit ihm, und er wandte sich um und sprach« (Lukas 14;25). Das heißt: Nicht etwa nur einen kleinen, auserwählt klerikalen Führungskreis hat Jesus aufgerufen zur radikalen Abkehr von jeglichem Familienleben. Nein, die Aufforderung richtet sich an »viel Volk«. Uns alle ruft Jesus auf, mit dem Familienleben zu brechen. Kein Wunder, dass Legionen von familienbeflissenen Theologen angestrengt versucht haben, dieses familienfeindliche Jesuswort familienkonform umzuinterpretieren. Gelungen ist es keinem.

Es geht einfach nicht.

In diesem Punkt ist der evangelische Bericht überwältigend klar: Der Erlöser war kein Papi. Er war das Gegenteil. Jesus von Nazareth war ein Revolutionär.

Er selber sagt es uns. Matthäus, 10. Kapitel, Vers 34: »Wähnt nicht, dass ich gekommen bin, Frieden auf die Erde zu bringen. Ich bin nicht gekommen, den Frieden zu bringen, sondern das Schwert.«

Revolution ja. Frage nur: Wogegen?

Darüber herrscht unter christlichen Schriftgelehrten enorme Verwirrung. Unterschwellig geht es nämlich um die Frage, wer schuld sei an der Hinrichtung Jesu. Gern sehen deshalb viele neuerdings in ihm einen nationalistischen Aufrührer gegen die römische Besatzungsmacht. Nicht die Juden, sondern die Römer wären somit die Hauptschuldigen: Sie haben in Jesus einen politischen Revolutionär gekreuzigt. Warum sonst hätte Pilatus gleich in drei Sprachen aufs Kreuz des Aufrührers den Schuldspruch heften lassen: »Jesus von Nazareth, König der Juden« (Johannes 19;19–20)?

Aber hat nicht Procula, die First Lady der Besatzungsmacht, persönlich für Jesus ein gutes Wort eingelegt? »Während er (Pilatus) auf dem Richterstuhl saß, ließ ihm seine Frau ausrichten: Habe du nichts zu schaffen mit diesem Gerechten. Ich habe heute viel gelitten im Traum um seinetwillen« (Matthäus 27;19). Den Träumen seiner römischen Gattin gehorchend, wäscht Pilatus seine römischen Hände in Unschuld: »Ich bin unschuldig am Blut dieses Gerechten.«

Wer also, wenn nicht die Römer, könnte schuld sein am Tod Jesu Christi? »Da antwortete das ganze Volk: ›Sein Blut komme über uns und unsere Kinder!‹ « (Matthäus 27;24–25).

Aufrührer gegen den Staat oder gegen den Tempel? Professor Martin Ebner, im Augenblick zuständig für das Jesus-Bild der deutschen Katholiken, deutet mit unendlich viel Fingerspitzengefühl einen katholischen Kompromiss an: »Wir werden nicht daran vorbeikommen, mit einer jüdischen Beteiligung an der Anklage Jesu als Aufrührer gegen die römische Staatsmacht zu rechnen.«

Siehe, ich verkünde euch zwei frohe Botschaften: Nein, wir brauchen die Juden nicht anzuklagen. Nein, wir brauchen auch die Römer nicht anzuklagen. Wir brauchen auch keinen faulen katholischen Kompromiss auszutüfteln. Wohl war Jesus ein Revolutionär. Aber nicht gegen den Staat und nicht gegen den Tempel. Die Revolution, zu der Jesus aufruft, ist von gänzlich anderem Kaliber. Lest nur weiter im Evangelium:

»Ich bin nicht gekommen, den Frieden zu bringen, sondern das Schwert.« Unmittelbar auf diesen Satz folgt bei Matthäus, aus Jesu eigenem Mund, die unzweideutige Klarstellung, was für eine Revolution er selber, nicht Professor Ebner, meint: »Denn ich bin gekommen, den Menschen zu empören gegen seinen Vater und die Tochter gegen ihre Mutter und die Schwiegertochter gegen ihre Schwiegermutter. Und des Menschen Feinde werden seine eigenen Hausgenossen sein« (Matthäus 10;35–36).

Jesus, der Familienfeind! Kein anderer hat eine derart radikale Revolution gewagt. Lange vor dem römischen Staat mit all seinen Legionen, lange vor dem Tempel in Jerusalem mit all seinen Priestern und Händlern, vor allen andern Institutionen, die die Menschheit bedrücken, war sie: die Familie. Wer gegen die Familie aufsteht, der steht auf gegen die Mutter aller Institutionen.

Gewiss haben wir alle im Kindergarten gelernt, dass die Familie »etwas soziokulturell Bedingtes« sei, von der Großfamilie über die Kleinfamilie bis zur Patchwork-Familie ständigem »soziokulturellem Wandel« unterworfen. Da hatte die Kindergärtnerin natürlich recht. Kindergärtnerinnen haben immer recht. Aber nur teilweise. Nicht ganz.

René König selbst, er, der Stammvater des »soziokulturellen« Diskurses in der deutschen Soziologie, macht bei der Familie eine staunenswerte Einschränkung: In all den »Wirren von Entwicklung und Geschichte« dauere die Familie gerade deshalb so konstant fort, weil sie über das Menschliche zurück ihre »Keimform im Tierreich« habe. Daher die vielen verblüffenden Parallelen zwischen der Tier-Soziologie und der Familien-Soziologie.

In der deutschen Soziologie gilt René König als Gründer der »Kölner Schule«. Wie konnte ausgerechnet ihm dieser lapsus linguae, auf Deutsch gesagt: dieser slip of tongue, von der »Keimzelle im Tierreich« entschlüpfen?

Vielleicht ist Professor König ein paarmal zu viel im Kölner »Grüngürtel« spazieren gegangen. Da konnte der Familiensoziologe etwas erleben: Familie naht von links, Familie naht von rechts, Familie naht von vorn, Familie naht von hinten. Eingeborene Familien. Immigrierte Familien. Christliche Familien. Unchristliche Familien. Familie zu Fuß. Familie als Fahrrad-Geschwader. Und manche Familien liegen schon im Gras. Soziokulturell alles, wie es sich gehört, wunderschön variiert.

Und doch: Von hinten, vorne, links und rechts, im Gras, zu Fuß und auf dem Fahrrad ist eines gleich: das Gezeter. Animalisch kreischen die Kinder, animalisch schreit die Mutter, animalisch brüllt zum Schluss auch noch der Vater mit.

Wer Ohren hat zu hören, der höre hinein in das phonetische Leben der ganz gewöhnlichen Familie. Hörbar animalischer als alles andere, was den Menschen prägt und plagt, ist die Familie. Urkraft des Lebens ist im Familiengeschrei. Warum? Weil sie die Urform der Gesellung ist. Sie ist – »Keimzelle im Tierreich« – die Mutter aller menschlichen Institutionen.

Manche Mediziner vertreten die Meinung, die Religion sei im Kleinhirn angesiedelt, also im älteren, hinteren, kleineren Teil des menschlichen Gehirns. Vielleicht ist das so. Doch so klein das Kleinhirn sein mag, da ist noch Platz für etwas anderes: Ganz hinten, im hintersten Kleinhirn, steckt die Familie. Kein Wunder, dass sie, soweit das Gedächtnis der Menschheit zurückreicht in die Geschichte, zur Zwangsvorstellung der Religion geworden ist. Schon der allerälteste Zarathustra-Kult betrachtet es als fürchterliche Strafe Gottes, ohne Familie leben zu müssen. Ewig wird der Ledige geächtet bleiben. Auf der Brücke Kinwad, die hinüberführt ins Reich der Unsterblichen, weist ein Erzengel den verhinderten Familienvater selbst dann ab, »wenn er im Leben sonst viele Pflichten erfüllt und gute Werke getan hat«:

»Zurück muss der Ledige bleiben, die Seele voll Angst und Not.«

»Seid fruchtbar und mehret euch«, drängt, Zarathustra gleich, auch Moses schon in seinem ersten Buch (1. Mosis 1;22). Der Talmud interpretiert dieses Urgebot unmissverständlich: »Wer kein Eheweib hat, ist ohne Freude, ohne Segen, ohne Glück, ohne Thora, ohne Mauer, ohne Frieden; ein Mann ohne Eheweib ist kein Mensch.« Schlimmer noch: »Ledig bleiben ist so schlimm wie einen Mord begehen.« Selbst der weise Salomon bricht beim Gedanken, ein Mann könnte keine Familie gründen, in den klassischen Ruf des Entsetzens aus: »Wehe dem Alleinstehenden!« (Prediger 4;10).

»Vae soli!«

Wir wissen jetzt Bescheid: Die Familie ist die Mutter aller Institutionen. Was Jesus als Erster gewagt hat, ist die Mutter aller Revolutionen: Religion als familienfreie Zone – in der Gesellschaft und im Gehirn.

Vielleicht hat Professor Ebner doch recht, wenn er den Juden eine klitzekleine Beihilfe zur Hinrichtung Jesu Christi in Rechnung stellt. Zumindest waren es Juden, die ihn als Erste umbringen wollten. Allerdings nicht die Pharisäer in den Synagogen am See Genezareth und nicht die Hohenpriester im Tempel zu Jerusalem, sondern die eigene Familie daheim in Nazareth.

Von ersten Gewalttätigkeiten müssen wir hören, als Jesus eines Tages selber, etwas unvorsichtig, von der Wanderschaft nach Nazareth heimkommt: »Als die Seinen das vernahmen, kamen sie her, um ihn festzuhalten. Denn sie sagten: Er ist irre« (Markus 3;21).

Ein Sohn, der aus der Familie aussteigt, gehört in psychotherapeutische Behandlung. Dabei ging es damals weniger verständnisinnig zu als heute bei Manfred Lütz. Dennoch war diese allererste Behandlung Jesu durch seine Familie vergleichsweise harmlos. Jedenfalls ist Jesus wieder freigekommen. Doch dann steigert sich der Familienkonflikt zum Familienkrimi. Titel: »Brudermord in Nazareth«.

Machen wir es wie Matthäus und Markus und stellen wir die Brüder Jesu mit Namen an den Pranger: »Jakob, Joses, Simon und Judas« (Matthäus 13;55, Markus 6;3). Natürlich ist an dieser Brüderbande »exegetisch« viel herumgedrechselt worden. Nur Vettern seien das gewesen, schallt es – vor lauter Angst um die Exklusivität der Empfängnis Mariä – aus der katholischen Exegese. In manchen Sprachen, so auch im Aramäischen, also in der Muttersprache Jesu, heiße nämlich »Bruder« auch »Vetter«.

Das ist nichts als exegetischer Schwindel. Die Evangelien sind ja nicht auf Aramäisch geschrieben, sondern auf Griechisch. Das griechische Wort αδελφός, das sie verwenden, ist aber unzweideutig. Es heißt nur Bruder. Vetter nicht. Um Jesus war keine Vetternwirtschaft. Brüder waren um ihn. Brüder so echt wie Bruder Kain. Der sonst so abgehobene Evangelist Johannes schildert den Familienkrimi im 7. Kapitel:

»Danach zog Jesus in Galiläa umher. In Judäa herumziehen wollte er nicht, weil ihm dort die Juden nach dem Leben trachteten. Als nun das jüdische Laubhüttenfest nahte, sprachen seine Brüder zu ihm: Mach dich auf von dannen, zieh nach Judäa, auf dass deine Jünger die Taten sehen, die du vollbringst« (Johannes 7;1–3). Erklärend fügt Johannes hinzu: »Denn auch seine Brüder glaubten nicht an ihn« (Johannes 7;5).

Dies ist nichts anderes als ein abgefeimter Mordplan der vier Brüder Jesu. Mit einer heuchlerischen Schmeichelei (»auf dass deine Jünger deine Taten sehen«) wollen seine Brüder, die doch gar nicht an seine Wunder glauben, ihn dahin schicken, wo ihm »die Juden nach dem Leben trachteten«. Heimtückisch in den Tod schicken wollen ihn Jakob, Joses, Simon und Judas. Jesus aber, der tief in die Mördergruben ihrer Bruderherzen sah, meidet die tödliche Falle, die ihm seine Familie stellt, mit einem abgründigen Satz: »Meine Zeit ist noch nicht gekommen« (Johannes 7;5).

Aber war der brüderliche Mordplan wirklich böswillig? Vielleicht fühlte sich die Familie ja im Recht. Im guten, mosaischen Recht: »Wenn jemand einen eigenwilligen und ungehorsamen Sohn hat, der seines Vaters und seiner Mutter Stimme nicht gehorcht, und ihnen auch dann, wenn sie ihn züchtigen, nicht gehorchen will, so sollen ihn Vater und Mutter greifen und zu den Ältesten der Stadt führen hinaus ans Tor. Dort sollen sie zu den Ältesten sagen: Dieser unser Sohn ist eigenwillig und ungehorsam und gehorcht unserer Stimme nicht und ist ein Fresser und Säufer« (5. Mosis 21;18–20).

Dass er ein »Fresser und Säufer« sei, ist das nicht der Vorwurf, der nach Jesu eigenem Zeugnis – Matthäus 11;19 – in Nazareth gegen ihn im Umlauf war? Was aber hat nach dem jüdischen Gesetz mit einem solchen eigenwilligen, ungehorsamen, verwahrlosten Sohn draußen am Stadttor zu geschehen?

»So sollen ihn steinigen alle Leute der Stadt, dass er sterbe« (5. Mosis 21;21).

Von allen Revolutionen ist der Aufstand gegen die Familie die elementarste. Wer diese Revolution wagt, setzt sein Leben aufs Spiel. Warum hat Jesus das getan?

Tödlich ist die Gefahr. Grandios aber ist die revolutionäre Verheißung. Jesus richtet sie an alle, die ihm nachzufolgen wagen: »Wer verlässt Häuser oder Brüder oder Schwestern oder Vater oder Mutter oder Ehefrau oder Kinder oder Äcker um meines Namens willen, der bekommt es hundertfach wieder, und das ewige Leben dazu« (Matthäus 19;29).

»... der bekommt es hundertfach wieder«: Hoffentlich liest Kardinal Meisner nicht allzu viel im Evangelium nach Matthäus. Denn dieser Satz ist ungeheuerlich. Wohl könnten wir uns vorstellen, dass ein engagierter Christ Direktor eines kirchlichen Pflegeheimes wird und somit Vater und Mutter, die er verlassen hat, hundertfach wiederbekommt. Noch besser könnten wir uns vorstellen, dass eine engagierte Christin ihre eigenen Kinder verlässt, danach aber Leiterin der katholischen Krabbelkiste in Köln-Zollstock wird und somit die verlassenen eigenen Kinder hundertfach zurückbekommt. Dass aber einer, wie das Evangelium wörtlich sagt, in der Nachfolge Jesu auch die verlassene »Ehefrau« »hundertfach« wiederbekommt, dies sich vorzustellen hält die fromme Phantasie nicht aus.

Was die fromme Phantasie nicht aushält, genau das bezeugt, ungeniert, das Evangelium nach Lukas: »Und danach wanderte er von Stadt zu Stadt, von Dorf zu Dorf, predigte und verkündete das Evangelium vom Reich Gottes, und die Zwölf waren bei ihm, sowie einige Frauen, die er von bösen Geistern und Krankheiten geheilt hatte: Maria, genannt Magdalena, aus der sieben böse Geister ausgefahren waren, Johanna, die Gattin des Chuza, eines Statthalters von Herodes, und Susanna und noch viele andere Frauen, die mit ihrem Vermögen für ihn sorgten« (Lukas 8;3).

Unter all den »vielen anderen Frauen« ist Johanna die spannendste. Aus außerbiblischen Quellen ist nämlich zu erfahren, dass ihr Mann Chuza nichts weniger war als der Finanzminister von Herodes. Auch hat die feministische Forschung inzwischen herausgebracht, dass Johanna, als sie sich der Wandergruppe um Jesus anschloss, ihrem prominenten Gatten bereits davongelaufen war. Offensichtlich hielt Johanna vom Familienleben, auch in Palästinas feinsten Kreisen, nicht mehr als Jesus selbst.

Ganz und gar nicht dem Ideal der christlichen Familienmutter entspricht jene Frau, die Lukas in seiner Aufzählung deshalb als Erste erwähnt, weil sie Jesus am nächsten war: Maria Magdalena. Erst die kranke Phantasie späterer Kirchenväter hat sie mit der »großen Sünderin« verwechselt. Augustinus preist sie noch als »apostola apostolorum« – als ernstzunehmende Chefin der Urkirche. In der »wanderradikalen« Wandergruppe um Jesus war sie offenkundig die radikale Wanderführerin. Stammte sie nicht, wie er, aus Galiläa? Nach den Forschungen der feministischen Theologie muss sie die Witwe eines reichen galiläischen Grundbesitzers gewesen sein. Dass sie selbstständig über ihr Vermögen verfügen und für Jesus sorgen konnte, setzt nämlich, nach jüdischem wie nach römischem Recht, voraus, dass nicht nur die erwähnten »sieben bösen Geister« aus ihr ausgefahren waren, sondern auch ihr Eheherr.

»Und viele andere Frauen«, sagt Lukas ausdrücklich. Ersparen wir uns alle Unterstellungen sexueller Verwahrlosung. Sie stammen aus der Kinophantasie moderner Machos, nicht aus dem antiken Evangelium. Was Lukas so ungeniert über die Finanzen der Wandererinnen bekannt gibt – »die mit ihrem Vermögen für ihn sorgten« –, erinnert vielmehr an einen bürgerlich nüchternen, gerade deshalb aber aufregenden Gedankengang von Simone de Beauvoir in »Das andere Geschlecht«: dass schon in vergangenen Epochen nichts die Emanzipation der Frau so förderte wie die Verfügung über eigenes Geld. Nicht Ausschweifung war es, was die Szene der Jüngerinnen um Jesus prägte, sondern – für die jüdischen Zeitgenossen unfassbar neu und revolutionär – Emanzipation im Sinne Simone de Beauvoirs. Emanzipation im Sinne Jesu. Los von der Familie!

Ein Zweifel regt sich doch. Dass eine größere Gruppe von gebildeten und finanzstarken Frauen Jesus von ferne gesponsert hat, mag ja sein. Aber wirkt die Vorstellung nicht fabulös, dass sich Damen dieser sozialen und kulturellen Klasse vom Sohn eines Zimmermanns aus dem Provinznest Nazareth so angezogen fühlten, dass sie ihm nicht nur ein bisschen etwas zustupften, sondern emanzipationslustig hinter ihm herwanderten, kreuz und quer durchs Heilige Land?

Nein. Grotesk wirkt das nur deshalb, weil wir, was die Herkunft Jesu angeht, den Kopf vollgestopft haben mit verquaster Sozialromantik. Zuerst bekamen wir die Sozialromantik von rechts vorgebetet. Um den Sozialismus liturgisch abzuwehren, weihte Papst Leo XIII den Vater Jesu, den heiligen Josef, zum »Arbeiter« und als solchen zum heiligen Patron eines katholischen Hochfestes der Arbeit am 1. Mai. Nazarenische Malerei verniedlichte dann den Zimmermann auch noch zum Schreiner. Als solcher durfte Josef ein paar Generationen lang in der christlichen Familienstube malerisch hobeln. Als Muster und Modell des gelehrigen, artigen Azubi hobelte Jesus, noch malerischer, mit.

Nach dem Zweiten Vatikanischen Konzil bekam dann allerdings die christliche »Pastoralpädagogik« jenen politisch korrekten Linksdrall, für den Josef nichts anderes mehr sein durfte als ein armer, ausgebeuteter Gelegenheitsarbeiter »auf der Stör«. In neueren Bilderbüchern für den deutschen Religionsunterricht ist sein Sohn Jesus der kruselhaarige Wortführer aller »Armutsflüchtlinge« dieser Welt.

So schlimm war das aber in Wirklichkeit nicht. Gewiss fragen sich die Nachbarn in Nazareth: »Ist dies nicht der Sohn des Zimmermanns?« (Matthäus 13;55). Aber was heißt Zimmermann? »τέκτων« sagt der evangelische Originaltext. Dieses griechische Wort ist nicht zufällig eng verwandt mit unserem

Wort »Architekt«. Giovanni Magnani, Historiker an der Päpstlichen Universität Gregoriana in Rom, bezeichnet Josef als »selbstständigen Bauingenieur«. So etwas wie Bauleiter dürfte Josef mindestens gewesen sein. Jedenfalls waren die Zimmerleute zur Zeit Jesu in Palästina die redegewandten Wortführer unter den Arbeitern, nicht unähnlich den Druckern im deutschen 19. Jahrhundert. Nachdrücklich erwähnt Lukas, dass der junge Jesus in der Synagoge von Nazareth »nach seiner Gewohnheit« (Lukas 4;16–20) aus den Schriftrollen vorlas, unter anderem einen umfangreichen Text aus dem Propheten Isaias. Das Amt des Vorlesers aber war ein Ehrenamt, das man keinem ungebildeten Hilfsarbeitersohn zuwies. Alle vier Evangelien sind voll von Beispielen, wie bibelfest, vor allem wie schlagfertig Jesus war. Typisch Zimmermann eben. Und da er Neues, Spannendes, Aufregendes verkündete, mag der Wanderprediger aus Nazareth für eine gebildete und reiche Frau wie Johanna ein unvergleichlich interessanterer Mann gewesen sein als jener blöde Finanzminister.

Deutlich weniger emanzipiert als die Jüngerinnen wirken leider im Evangelium die Jünger. Na ja, es waren ja auch Männer. Dazu noch, anders als die Jüngerinnen, Männer wirklich aus schlichten Verhältnissen, Fischer und Bauern ohne die höhere Bildung einer Johanna und ohne die wortgewandte Bibelfestigkeit eines Zimmermanns. In der Apostelgeschichte werden sie ausdrücklich als »Männer ohne Bildung und Wissen« bezeichnet (Apostelgeschichte 4;13). Der heilige Hieronymus spitzt das noch ein bisschen zu, indem er es für uns ins Kirchenlateinische übersetzt mit »homines sine litteris et idiotae«.

Anders als bei den Frauen, die sich selber aus ihren Familienbanden zu befreien wussten, musste Jesus bei solchen Männern nachhelfen. Wie energisch er rund um den See Genezareth nachhalf, schildert Markus im 1. Kapitel, Vers 16–18:

»Während er am Meer von Galiläa vorüberging, sah er Simon und Andreas, Simons Bruder, wie sie ein Netz im Meer auswarfen, waren sie doch Fischer. Und Jesus sprach zu ihnen: Auf! Mir nach! Ich will euch zu Menschenfischern machen. Und augenblicklich ließen sie die Netze liegen und folgten ihm nach.« Ganz offenkundig ohne auch nur der geliebten Ehefrau, den süßen Kindern, dem kranken alten Vater und der teuren Mutter à Dieu zu sagen.

Gleich im folgenden Vers zerrüttet Jesus eine weitere Familie: »Als er ein wenig weitergegangen war, sah er Jakobus, den Sohn des Zebedäus, und seinen Bruder Johannes, auch sie im Boot beim Netzeflicken. Und augenblicklich rief er sie. Und sie ließen ihren Vater Zebedäus im Boot mit den Knechten, weg gingen sie, hinter ihm her« (Markus 1;19–20).

Am schlimmsten kommt es bei Matthäus: »Ein anderer aber von den Jüngern sagte zu ihm: Herr, erlaube mir, dass ich vorher noch meinen Vater begraben gehe. Jesus aber sprach zu ihm: Folge du mir und lass die Toten ihre Toten begraben!« (Matthäus 8;21–22). Für jüdische Begriffe eine fast unvorstellbare Verletzung des strengen mosaischen Kerngebots, Vater und Mutter zu ehren (2. Mosis 20;12).

Ist es da nicht verständlich, dass die Familie in Nazareth es einfach nicht mehr aushielt und sich auf die Socken machte, rund um den See Genezareth, um den aufrührerischen Sohn am Wickel zu packen und zur Rede zu stellen? Wie es zu dem denkwürdigen Zusammenprall zwischen der Familiengruppe um Maria und der Wandergruppe um Jesus kam, schildert Markus im 3. Kapitel:

»Und es kamen seine Mutter und seine Brüder. Sie blieben draußen stehen und schickten zu ihm, um ihn zu rufen. Und das Volk saß um ihn her, als man ihm sagte: Schau, deine Mutter und deine Brüder und deine Schwestern sind da draußen und suchen dich. Da anwortete er ihnen: Wer ist meine Mutter, und wer sind meine Brüder? Und er sah rings um sich auf die Jünger, die um ihn im Kreis saßen, und sprach: Siehe, das sind meine Mutter und meine Brüder!« (Markus 3;31–35).

David Flusser, der Begründer der Jesusforschung an der Hebräischen Universität in Jerusalem, hat sich stets dagegen gewehrt, aus den Evangelien so etwas herauszudestillieren wie ein Psychogramm Jesu Christi: »Doch einem psychologischen Faktum im Leben Jesu kann man nicht ausweichen: seiner ablehnenden Haltung gegen die Familie, in die er geboren ward.« Schärfer noch formuliert es ein anderer jüdischer Experte, Schalom Ben-Chorin: »Wenn es einen Zug im Charakter Jesu gibt, der völlig eindeutig hervortritt, dann ist es diese antifamiliäre Haltung, die nur die Wahlverwandtschaft gelten lässt, nicht aber die Sippe.«

Schalom Ben-Chorin war ein jüdischer Religionswissenschaftler, der 1934 aus München nach Palästina fliehen musste. Was heute jeder christliche Student des Neuen Testaments im Proseminar selbstverständlich und bequem lernt, hat er als einer der Ersten, unter schwierigsten Bedingungen, allein und auf eigene Faust in Jerusalem versucht: Jesus nicht aus der christlichen Dogmatik zu verstehen, sondern aus den jüdischen Lebenszusammenhängen seiner Zeit.

Je mehr Schalom Ben-Chorin eben dies versuchte, desto mehr drängte sich ihm der Eindruck auf, dass dem offenen Streit Jesu mit seiner Familie ein noch schwereres Zerwürfnis zugrunde lag: Jesus hatte ein gebrochenes Verhältnis zu seiner Mutter. So wurde der Jesus-Forscher Ben-Chorin zum Begründer einer neuen Wissenschaft. Das ist die empirische Marien-Forschung.

Johannes im 2. Kapitel, Verse 1–5: »Und am dritten Tag fand eine Hochzeit statt zu Kana in Galiläa. Die Mutter Jesu war auch dort. Auch Jesus und seine Jünger waren zur Hochzeit geladen. Als aber der Wein ausging, sagte die Mutter Jesu zu ihm: Sie haben keinen Wein. Jesus spricht zu ihr: Frau, was habe ich mit dir zu schaffen? Meine Stunde ist noch nicht gekommen. Da sagte seine Mutter zu den Dienern: Was er euch sagt, das tut.«

Das ist, noch ganz am Anfang des Johannes-Evangeliums, jene frühe Begebenheit im Leben Jesu, die Ben-Chorin zum Skandalon geworden ist. Er, der doch sonst seinem jüdischen »Bruder Jesus« so herzlich zugetan ist, nennt es »hart«, »schroff«, »schockierend«, ja »lieblos«, dass ein jüdischer Sohn sich untersteht, seine Mutter mit »Frau« anzureden. Wobei übrigens die modernistische Übersetzung mit »Frau« die Szene schönt. Zu Recht gibt Ben-Chorin der lutherdeutschen Übersetzung mit »Weib« den Vorzug. Sie entspricht dem Tonfall, den Jesus sich im Umgang mit der eigenen Mutter anmasst. In den gesamten jüdischen Quellen der Jesus-Zeit hat Ben-Chorin nach einem zweiten Fall gesucht, in dem ein jüdischer Sohn es gewagt hätte, seine Mutter mit »Frau« anzusprechen; er hat keinen finden können. Für das jüdische Empfinden, damals noch mehr als heute, ist dies »eine unerhörte Beleidigung«.

Noch schlimmer der Nachsatz Jesu an seine Mutter: »Was habe ich mit dir zu schaffen?« Im Alten Testament ist das eine Formel, die Kriegserklärungen einleitet.

Dabei hätte Maria die herzliche Unterstützung ihres Sohnes besonders gut brauchen können, kam sie doch, Johannes zufolge, allein zum Fest – ein Indiz übrigens, dass ihr Mann Josef früh gestorben war. Nur als Witwe nämlich konnte Maria allein eingeladen werden. Aber offenbar fand es Jesus nicht einmal nötig, an ihrer Seite auf dem Fest zu erscheinen. Sie kam wohl aus Nazareth, er kam wohl mit seinen Jüngern aus der entgegengesetzten Richtung, aus Kapharnaum. So prallten sie im Festsaal aufeinander.

Ganz gut vielleicht, dass Josef nicht mehr dabei war. Kaum vorstellbar, was sonst, nach einem derartigen Affront des Sohnes gegen die Mutter, auf der fröhlichen Hochzeit zu Kana hätte passieren können.

Bleibt die Frage, warum Jesus die eigene Mutter so jähzornig, so beleidigend vor allen Leuten angefahren hat. Hat sie ihn vielleicht selber vorher beleidigt? Das ist möglich. »Sie haben keinen Wein mehr«, hat sie ja gesagt – zu ihm, der doch als »Fresser und Weinsäufer« (Matthäus 11;19) galt, gewiss nicht nur unter den Nachbarn in Nazareth, sondern auch in seiner verstörten und erzürnten Familie. Der Satz könnte dann von Maria sehr hämisch gemeint sein: Für einen Weinsäufer wie dich, mein Sohn, ist hier nichts mehr zu suchen!

Wer auch wen wie in Kana beleidigt hat, für den jüdischen Jesusforscher Ben-Chorin lässt die Szene bei Johannes »auf ein von Grund auf gestörtes Verhältnis von Mutter und Sohn schließen«.

Dabei hatte doch alles so schön angefangen. So märchenhaft schön, wie es bei Lukas anfängt. Er war, wir haben es schon gesehen, der Frauenversteher unter den Evangelisten. Vom Frauenversteher zum Marienverehrer ist nur ein Schritt. Fast alles, was wir über Maria wissen, steht in seinem Evangelium. Vor allem scheint er der einzige Evangelist zu sein, der über die Mutter Jesu regelrechte Nachforschungen angestellt hat, ja vielleicht sogar Maria persönlich gekannt und interviewt hat: »Und seine Mutter behielt alle diese Worte in ihrem Herzen« (Lukas 2;51). Wie ein Journalist, der auf eigene Recherchen aufmerksam machen will, wiederholt Lukas solche Formeln. Hat sie ihm vielleicht sogar alles, was er über sie schreibt, selber diktiert?

Auf dem berühmten Marien-Altar im Lübecker Sankt-Annen-Hospital ist es so dargestellt: Unschlüssig, was er schreiben soll, sitzt Lukas am Schreibtisch. Hinter ihm aber steht mit dem

Kind im Arm, die Gottesmutter so selbstverwirklicht, als wäre sie eine alleinerziehende deutsche Mutter unserer Tage. Mit dem Zeigefinger führt sie ihm die Feder. Was diktiert sie ihm da?

Wahrscheinlich das Magnifikat, den Hochgesang von jenem Hochgefühl, das sie erfüllte, als sie schwanger wurde: »Siehe, von nun an werden mich selig preisen alle Geschlechter!« (Lukas 1;48).

Bei Lukas ist das Magnifikat die Antwort Marias auf die Verkündigung des Engels Gabriel: »Der Heilige Geist wird über dich kommen und die Kraft des Höchsten wird dich überschatten« (Lukas 1;35). Es ist nicht unerlaubt, den Vorgang eine Nummer kleiner zu verstehen. Nicht Maria allein, das ganze jüdische Volk lag damals in jenen »messianischen Wehen«, die Albert Schweitzer so eindrücklich als »eschatologische Naherwartung« des Erlösers beschreibt. Kaum ein schwangeres junges Mädchen im Lande, das nicht damals, einen Augenblick wenigstens, von der Hoffnung erfüllt gewesen wäre, die Frucht seines Leibes werde Israels Messias sein. Maria auch.

Die Frage ist, was aus solchen messianischen Naherwartungen auf die Dauer wird. Bei Lukas sagt es der greise Simeon pathetisch voraus: »Ein Schwert wird durch deine Seele dringen« (Lukas 2;35).

In Kana hat das Schwert zum ersten Mal ihre Seele durchbohrt: Ihr erstgeborener Sohn, auf den sie so überschwängliche Hoffnungen gesetzt hat, nicht nur für Israel, sondern auch für sich selbst, lässt sie nicht einmal als seine Mutter gelten: »Weib, was habe ich mit dir zu schaffen.«

Und der Affront wird sich wiederholen: »Als er solches redete, erhob eine Frau im Volk die Stimme und sagte zu ihm: Selig der Leib, der dich getragen hat, und selig die Brüste, an denen du gesogen hast!« (Lukas 11;27). Ein doppeltes Ereignis. Ein lokales, gewiss, die messianische Naherwartung jüdischer Frauen im Volk, doch auch schon ein globales, ein christliches Ereignis: Dies ist die Geburtsstunde der Marienverehrung. Jesus aber, Mariens Sohn, hält von Marienverehrung nichts: »Er aber sprach: Vielmehr selig jene, die das Wort Gottes hören und es befolgen« (Lukas 11;27).

Und doch behält die christliche Marienverehrung recht, wo die jüdische Naherwartung scheitert. Denn so sehr Jesus seine Mutter zurückstößt, beleidigt und verleugnet, sie bleibt seine Mutter. Gewiss versteht sie nicht, was er tut und warum er sie so behandelt. Zeitweise hält auch sie ihn für irre. Erschüttert erlebt sie mit, wie er unstet im Land herumschweift und seine Familie daheim in Nazareth öffentlich bloßstellt. Wie er Streit sucht mit den allmächtigen Tempelpriestern, gar mit der römischen Besatzung, und so die ganze Familie in Gefahr bringt. Maria versteht ihren Sohn nicht. Doch sie bleibt seine Mutter. Die orientalische Mutter eines orientalischen Sohnes. Steht er auch nicht zu ihr, so steht sie doch zu ihm. Seine Mutter bleibt sie bis unters Kreuz.

Aus dem Schwert, das – nach Simeons Prophezeiung – Marias Herz auf Golgatha durchdringen wird (Lukas 2;35), hat die christliche Frömmigkeit sieben Schwerter gemacht. Zwei Schwerter waren es auf jeden Fall: Das grauenhafte Leiden ihres Sohnes, das sie miterlitten hat, ist das eine. Das andere Schwert aber ist sein letztes Wort an sie: »Als nun Jesus seine Mutter sah und den Jünger dabeistehen, den er liebhatte, spricht er zu seiner Mutter: Weib, siehe, das ist dein Sohn!« (Johannes 19;26).

»Weib!« Nicht einmal in der Stunde des schmerzerfüllten Abschieds spricht er sie mit »Mutter« an. Dass er sie dem Jünger anvertraut, den er liebhatte, ist weniger lieb, als es klingt.

Es gibt bei Bertolt Brecht eine ähnlich erschütternde Szene: »Mutter Courage als zuletzt gesehen«. Im Haus eines Fremden, eines Bauern, sucht sie in der Kälte, im Elend, in der Todesangst Zuflucht. Der nimmt sie nicht auf. Aber er fragt doch mitfühlend: »Habt ihr denn niemand, zu dem ihr gehen könnt?« Da kommt ihr einer in den Sinn. Ja, sie hat einen Sohn. Und ihre Lebenshoffnung kehrt zurück.

Maria hat fünf Söhne gehabt: Jesus, Jakob, Joses, Simon und Judas. Auch Schwestern erwähnt das Evangelium. Warum schickt Jesus seine Mutter nicht zu ihnen zurück? In ihre Familie. In *seine* Familie. Zu seinen Brüdern, zu seinen Schwestern. Aber nein, er vertraut sie dem Lieblingsjünger an. Nicht an die Familie denkt er noch im Sterben, sondern an die Jünger. Es ist, als habe das Schwert, das die Seele Mariens auf Golgatha durchbohrt, auch alle Bande zwischen Jesus und seiner Familie endgültig zerschnitten.

So wenig Jesus als Vorbild eines christlichen Familienvaters dienen kann, noch weniger ist er das Modell eines liebevollen Sohnes. »Ihre Söhne stehen auf und preisen sie selig«, heißt es in den Sprüchen Salomons über das erfüllte Leben einer jüdischen Mutter (Sprüche 31;28–29). Jesus hat alle Welt seliggepriesen. Nur seine Mutter nicht. In keinem der vier Evangelien findet sich auch nur ein einziges freundliches Wort Jesu für seine Mutter.

Bleibt die Frage, warum Jesus seine Mutter so schroff, so unbarmherzig zurückgestoßen hat. War er wirklich jener »eigenwillige, ungehorsame Sohn«, für den Moses nichts anderes kennt als die Steinigung?

Zu gleicher Zeit, während Schalom Ben-Chorin in Jerusalem seine empirische Marienforschung betrieb, unternahm in New York Amerikas berühmteste Ethnologin, Margaret Mead, etwas erstaunlich Ähnliches. In einer großangelegten, vom American Jewish Committee finanzierten Untersuchung der Columbia University befragte sie jüdische Einwanderer nach dem Muttererlebnis, das sie aus dem osteuropäischen Schtetl mitgebracht hatten nach Amerika. Von einem Tiefeninterview zum andern entwickelte sich, höchst eindrücklich, das Bild einer Mutter, die bereit ist zu aller Liebe, bereit zu jedem Opfer und zu jedem Leiden für ihren Sohn, bereit zu allem – nur nicht bereit, ihm seine Freiheit zu lassen.

Witze sind in ethnologischen Untersuchungen selten. Aus Margaret Meads Untersuchung aber ist ein alter Witz aus dem jiddischen Schtetl neu um die Welt gegangen:

»Ein Sohn bittet seine Mutter um ihr Herz. Dieses Herz als Geschenk zu empfangen, hatte seine Braut von ihm verlangt, damit er künftig nur noch ihr gehöre. Für ihren Sohn aber ist die Mutter zu jedem Opfer bereit, selbst zu diesem. Offen bietet sie ihm die Brust dar. Grausam entreißt er ihr das mütterliche Herz. In rasender Eile rennt er damit zu seiner Verlobten. Doch dabei stolpert er. Er stürzt. Mit in den Straßenstaub stürzt das mütterliche Herz. In diesem schrecklichen Augenblick hört der Sohn eine Stimme. Eine ganz ganz sanfte, unendlich liebende, unendlich beschützende, unendlich mütterliche Stimme. Sie kommt aus dem mütterlichen Herzen: ›Mein Sohn, du hast dir doch nicht etwa weh getan?‹«

Macht durch Liebe. Macht durch Leiden. Die dominante Mutter. Die Mater dolorosa. Sie wird in dem Städtlein Nazareth kaum weniger mächtig gewesen sein als einst in Osteuropas jiddischen Schtetln. Eher war sie noch mächtiger. Jesus war ja religiöser als andere Söhne. Hat uns nicht Doctor Eugen Drewermann gelehret, dass die Religiosität von Söhnen, jetzt mal ganz psychoanalytisch betrachtet, in aller Regel auf eine dominante Mutter schließen lässt?

Doctor Eugen Drewermann irrt nicht. Jedenfalls fällt in den Evangelien auf, dass der Vater Jesu bei seiner Erziehung keine größere Rolle spielt als bei seiner Zeugung. Schon im 6. Kapitel bei Markus nennen die Nachbarn zu Hause in Nazareth Jesus nur noch den »Sohn Marias« (Markus 6;3). Höchst ungewöhnlich für die patriarchalischen Verhältnisse jener Zeit. »Er wird also bald«, so schließt ein deutscher Josef-Forscher, Johannes Kessels, »jedenfalls noch vor Beginn des öffentlichen Wirkens Jesu, gestorben sein.«

Aus lauter Pietät wollen wir das glauben. Denkbar ist aber auch eine andere Erklärung. Als Zimmermann war Josef die meiste Zeit auf Wanderschaft. Vielleicht ist er eines Tages etwas weiter gewandert, als Maria lieb sein konnte. Waren nicht schon zu dieser Zeit vier Fünftel der Juden aus Palästina ausgewandert? In alle Weiten des Römischen Reiches. Vielleicht auch Josef. Als Wanderradikaler, auch er. Auf der Flucht vor seiner frommen Frau, vor seiner schrecklich frommen Familie daheim in Nazareth.

Ob nämlich Josef tot war oder lebendig, eins geht aus dem 2. Kapitel des Lukas-Evangeliums klar hervor: Dies war, amerikanisch gesprochen, eine »church going family«. Ins Jüdische übersetzt: Das ganze Familienleben in Nazareth war ein einziges Synagogenlaufen in Galiläa und Wallfahren nach Jerusalem. Und das alles unter ihrer, Marias ureigener, mütterlich dominanter Regie. Josef, wir werden es noch sehen, hatte nichts zu sagen. Gar nichts.

Viel umfangreicher als das Lukas-Evangelium ist das Material der Mead'schen Mutterforschung in New York. Ethnologen, Soziologen, Psychologen haben es immer neu ausgeweitet und ausgewertet. Niemand braucht sich daran die Augen wund zu lesen. Längst ist jenes blutende Mutterherz aus der Columbia University an den Broadway gewandert. Als Kultfigur der »Jewish Mother«.

Woody Allen 1989. In seinem besten Film, den »New York Stories«, spielt er den hilflosen jüdischen Sohn auf der Flucht vor seiner dominant liebenden Mutter. Verzweifelt flieht er durch alle Straßen, durch alle Häuserschluchten der Großstadt New York.

Er flieht vergeblich. Als ewige Mutter erscheint sie ihm zuletzt hoch am Himmel über New York. Ein jüdischer Albtraum. Aber sagt nicht das Wort »Erscheinung« auch uns Christen viel? »Regina coelorum«. Wie oft, Maria, bist auch du uns am Himmel erschienen!

Hoch vom Himmel herab, spioniert Woody Allens Mutter alles aus, was ihr Sohn auf Erden tut. Insbesondere seine Beziehungskiste: »Did you meet some nice Jewish girl?« Hoch vom Himmel herab belehrt sie ihn. Schützt sie ihn. Leidet sie mit ihm.

Vor allen Dingen redet seine Mutter. Worüber? Über nichts als ihren Sohn. Vielsagend wacht sie über seine religiöse Identität. Etwa wenn er versucht, sich als Mister Mills davonzustehlen in die urbane Anonymität: »Did you know, his real name is Millstein?«

Zum Schluss strömt ganz New York auf die Straße, um zu erleben, wie sie hoch am Himmel sein Bild aus ihrem mütterlichen Busen zieht: »Isn't he cute? – Ist er nicht herzig, mein Sohn?« Da ziehen unten auf New Yorks Straßen alle die Photos ihrer Söhne aus dem Busen: Mütter aller Rassen, Mütter aller Religionen. Und wir verstehen, was Woody Allens Film, über alle jüdische Selbstironie hinaus, zu einem Erlebnis für die ganze Menschheit machte: »The Jewish Mother« ist gar nichts Abseitiges, Absonderliches. Das jüdische Schicksal der Minderheit und der Migration hat ihr vielleicht ein bisschen mehr Macht und Profil gegeben als der christlichen Mutter. Wenn aber die Familie die Mutter aller Institutionen ist und die Mutter, schlicht, die Mutter der Familie, dann ist die jüdische Mutter die Mutter aller Mütter.

Doch ist ein Unterschied zwischen Woody Allen und Jesus von Nazareth. Von seiner dominanten Mutter befreit sich Woody in New York mit Witz und Selbstironie. Das sind die Stilmittel eines urbanen Intellektuellen. Jesus war kein Intellektueller. Wohl war er schlagfertig. Aber das ist eher eine volkstümliche Eigenschaft, deshalb heute im Fernsehen gefragt. Urbane Intellektualität ist das Gegenteil. Sie beginnt im Selbstzweifel und endet in der Selbstironie. In keinem der vier Evangelien findet sich bei Jesus auch nur eine Spur von Selbstzweifel oder gar Selbstironie. Ein charismatischer Anführer ist er, herausfordernd, streitbar, leidenschaftlich. »Wehe euch« hat er häufiger gesagt als »Selig seid ihr«.

Wollte Jesus sich von seiner dominanten Mutter befreien, so konnte dies nicht lustig geschehen. Brutal hat er sie von sich gestoßen. Und mit ihr die ganze gottverdammte Familie in Nazareth.

Kurt Tucholsky kommt mir in den Sinn. Der Berliner hatte zu seiner jüdischen Mutter ein ähnlich gebrochenes Verhältnis. Alle Familie war ihm ein Graus. Als »scheußlich geballten Klumpen« hat er sie in der »Weltbühne« angeprangert. Eins freilich ist an diesem scheußlich geballten Klumpen gar nicht so plump. Subtil und raffiniert ist das familiäre System gegenseitiger Überwachung. Alles weiss die Familie, alles nimmt sie übel. Auch die entferntesten Verwandten beaufsichtigt, belehrt, rügt, massregelt sie ohne Ende. »Und seufzend beugt sich alles unter das bittere Joch ...«

In der Not suchen Christen Trost im Neuen Testament. In der Not hat der Jude Tucholsky Trost gesucht im Alten Testament. Gleich im ersten Buch Mosis wurde er fündig. Warum nämlich war Gott am sechsten Tag von seiner Schöpfung so begeistert? Steht doch geschrieben: »Und Gott sah alles an, was er gemacht hatte. Und siehe da, es war sehr gut« (1. Mosis 1;31).

Kurt Tucholskys jüdischer Schluss: An diesem sechsten Tag fand Gott die Welt »sehr gut«, weil er eins noch nicht erschaffen hatte: die Familie.

Gewiss hatte er den Menschen schon erschaffen, erfreulicherweise als »Mann und Weib« (1. Mosis 1;27). Doch so etwas wie ein Familienleben von Adam und Eva schildert die Heilige Schrift im ersten Kapitel der Genesis erkennbar nicht. Was sie berichtet, ist das traumhaft schöne Gegenteil: Adam und Eva im Paradies.

Aber lest nur ein bisschen weiter. Im dritten Kapitel kommt das Verhängnis über die Stammeseltern. Sie begehen die Erbsünde. Die furchtbare Strafe folgt auf dem Fuß: »Und Gott sprach zum Weibe: Viele Schmerzen will ich dir schaffen, wenn du schwanger wirst. Unter Schmerzen sollst du Kinder gebären. Und dein Verlangen soll nach deinem Mann sein. Und er soll dein Herr sein« (1. Mosis 3;16). Was ist das anderes als die Erschaffung der Familie? Adam ja ist nicht weniger gestraft als Eva. Im »Schweiße seines Angesichts« (vgl. 1. Mosis 3;19) muss er künftig für Eva und ihre Kinder sorgen. Als erster Familienvater.

Nein, nicht im Paradies, sondern erst zwei Kapitel später, nach dem Sündenfall, erschafft Gott die Familie. Als Erbstrafe für die Erbsünde. Wenn aber die Erschaffung der Familie nicht zur ursprünglichen, paradiesischen Schöpfungsordnung gehört, wenn sie recht eigentlich die Strafe Gottes war, ja die Vertreibung unserer Ureltern aus dem Paradies, was ist dann, nach der Schöpfung, die Erlösung?

Die christliche Antwort liegt mir auf der Zunge. Doch das jüdische Zeugnis hat Vorrang: »Einmal, nur ein einziges Mal friedlich ohne Familie dahinleben dürfen«, das – davon ist Tucholsky überzeugt – ist »der glühende Wunsch«, ja es ist die eigentliche »Sehnsucht des Menschengeschlechtes«.

Einer ist gekommen, die Sehnsucht des Menschengeschlechtes zu erfüllen. Jesus. Lange bevor Johannes ihn am Jordan dem Familienleben in Nazareth entriss, war dies bereits seine Sendung. Mit zwölf Jahren schon, so berichtet wiederum Lukas, habe der junge Jesus das Gedränge und Gewühl einer Tempelwallfahrt genutzt, um seiner Familie zu entfliehen. Drei Tage lang. Maria war außer sich, als sie ihn wiederfand: »Mein Sohn, warum hast du uns das angetan? Siehe, dein Vater und ich haben dich mit Schmerzen gesucht!« (Lukas 2;48). Der kleine Jesus zeigt keinerlei Gewissensbisse. Überlegen schüttelt er den Kopf. »Warum habt ihr mich gesucht? Wusstet ihr nicht, dass ich sein muss in dem, was meines Vaters ist?« (Lukas 2;49).

Die ganze Zeit schon haben wir uns über den heiligen Josef gewundert. An dieser Stelle wundern wir uns besonders. Warum sagt er kein Wort, wenn sein Söhnchen herablassend zu verstehen gibt, er kenne einen ganz anderen, ungleich besseren Vater? Warum überlässt er das Schimpfen seiner Frau Maria? Auch wenn die Mutter, um es noch einmal zu sagen, die Mutter der Familie ist, so ist er doch der Vater. Gewiss würde ihm heute jedes deutsche Gericht das Sorgerecht über seinen Sohn Jesus verweigern. Im alten Judentum aber galt der Vater etwas. Warum spielt Josef nicht, Gehorsam fordernd, den jüdischen Patriarchen aus? Warum lässt er sich von seinem Sohn zurücksetzen in die Rolle eines bloßen Ziehvaters, gar eines kirchenlateinischen »pater putativus«, eines »mutmasslichen Vaters«? Es geht doch um seine Ehre als Familienvater, wenn Jesus einen gänzlich anderen Vater preist:

»*Vater unser im Himmel!*« (Matthäus 6;9).

Abgeleiert ist das Hochgebet der Christen. Als Jesus es zum ersten Mal sprach, war es ein revolutionäres Programm: Nicht der Vater auf Erden zählt, sondern der Vater im Himmel. Nicht die Blutsverwandtschaft, sondern die Wahlverwandtschaft. Nicht die »Familienbande« (Karl Kraus), sondern die Bande des Geistes und der Sympathie.

Schade, dass dies kein Hörbuch ist. Aus der berühmten französischen Benediktinerabtei Solesmes gibt es eine Aufnahme der gregorianischen Weihnachtsvigil, die das Erscheinen Jesu Christi auf Erden musikalisch genial interpretiert. Vorgesungen wird jener dubiose Stammbaum Jesu, mit dem das Matthäus-Evangelium einsetzt (1;1–16). Dieses Familienbuch Jesu an den Anfang seines Evangeliums zu setzen, war Matthäus besonders wichtig, hieß er doch, wie Hieronymus ermittelt hat, eigentlich Levi und war unter den vier Evangelisten der einzige Jude. Da wundert es auch nicht, dass er unbedingt sein Evangelium bei Abraham anfangen muss: »Abraham zeugte Isaak. Isaak zeugte Jakob. Jakob zeugte Juda und seine Brüder ...« So langweilig fängt es an, so langweilig geht es weiter, von Geschlecht zu Geschlecht scheinen alle nur damit beschäftigt, eben diesen Familien-Stammbaum in Ewigkeit fortzusetzen. Ein grauenhaft langweiliger Text.

Und die Musik dazu?

Keine Melodie fliegt sonst so federleicht ab in wundersam spielerische Ornamente wie der Gregorianische Gesang. Dieses Stück aber hat, zur Verblüffung der größten kirchenmusikalischen Fachleute, das Gegenteil versucht. Es will nicht aus der Langenweile der Geschlechterfolge musikalisch ausreißen, im Gegenteil, es forciert sie erst recht durch bewusst inszenierte Monotonie. Ohne irgendeine Variation, jegliche Individualität verneinend, immerzu im gleichen öden Sprechgesang. Als recke, von Abraham bis Josef, hochgezogen an den Fäden eines sakralen Marionettentheaters, ein uralter Familienvater nach dem andern ganz kurz das Haupt aus dem Familiengrab, um dann, ebenso schnell, wieder zurückzufallen in die historische Staubkiste: »Abia autem genuit Asa. Asa autem genuit Iosaphat. Iosaphat autem genuit Ioram. Ioram autem genuit Oziam. Ozias autem genuit

Ioatham. Ioatham autem genuit Achaz. Achaz autem …« Autem, autem, autem, als hätten sie alle, von Abraham im Lande Ur bis zu Josef im Lande Galiläa, stumpfsinnig gleich, keinen andern Daseinszweck gehabt als die Fortsetzung des Familienstammbaums.

Alle?

Nein. Jäh – mit der donquichottesken Figur des heiligen Josef – endet die Geschlechterfolge. Jäh ist Schluss mit der steinalten Familienmystik aus dem Lande Ur. Jäh erscheint Er, der etwas Neues, etwas radikal anderes im Sinn hat als Geschlecht, Stammbaum und Familienleben: »de qua natus est Jesus …«

Jesus, der erste Single!

2. Kapitel

Die Wahrheit über Paulus und Paula

Beim Öffnen von Apostelgräbern ist größte Vorsicht geboten. Nachdem der Deckel mysteriös verrutscht war, ließ Adolf Bolte, der nimmermüde Bischof von Fulda, am 1. April 1966 den Sarkophag des heiligen Bonifatius ganz öffnen. Dieser heilige Engländer ist kein Geringerer als der »Apostel der Deutschen«. Wie erstaunt aber war Bischof Bolte, als sich unter der Grabplatte nicht nur die arthritisch verkrümmten Gebeine des heiligen Bonifatius fanden, sondern auch, wissenschaftlich eindeutig identifizierbar, die ungleich zierlicheren Knochen einer Frau. Es handelt sich, so erfuhr die erleichterte Öffentlichkeit, um »die Gebeine seiner Nichte«.

Größeren Glauben als Bischof Bolte von Fulda verdient ohne Zweifel Papst Benedikt XVI. Im Juni 2009, mitten in dem von ihm selber ausgerufenen »Paulus-Jahr«, ließ Benedikt in der römischen Basilika San Paolo fuori le mura einen uralten, in der Gerümpelkammer abgestellten Sarkophag wieder herrichten. Unter der kundigen Leitung von Andrea Cardinale Lanza di Montezemolo bohrten hochkarätige vatikanische Reliquienforscher ein Löchlein in den Sarg. Mit elektronischen Sonden spionierten sie hernach das Innere in alle Richtungen aus. Und siehe, es fanden sich darin die Gebeine »einer Person aus dem ersten oder zweiten Jahrhundert«. Nicht nur der Papst, auch die gläubigen Medien in aller Welt glaubten auf der Stelle, dass dies die Reliquien des Apostels Paulus seien.

Ich glaube das auch. Aber nicht nur, weil jene römischen Gebeine halt so irgendwie »aus dem ersten oder zweiten Jahrhundert« stammen. Aufschlussreicher ist etwas anderes: Diese Apostelgebeine ruhen in ihrem römischen Sarkophag allein. Von Gebeinen einer »Nichte« wie in Fulda keine Spur. Also muss es ganz gewiss der heilige Paulus sein. Der nämlich war vor allem eines – überzeugter, bekennender Single:

> *»Ich möchte, dass alle Menschen (unverheiratet) wären wie ich«* (1. Korinther 7;8).

Die erklärende Klammer »unverheiratet« habe nicht etwa ich eingefügt, sondern jene berühmte »Einheits-Übersetzung«, die für biblische Einheit unter Protestanten und Katholiken in Deutschland sorgen soll. Wenn es erlaubt ist, die allzu bieder bemühte Einheit der Einheits-Übersetzer zu stören – in gutem, modernem Deutsch muss das heißen:

> *»Ich möchte, dass alle Menschen Singles wären wie ich.«*

Mit diesem epochalen Bekenntnis tritt in die christliche Geschichte neben Jesus, den ersten Single, Paulus, der christliche Single Numero zwei.

So jedenfalls stellt es Paulus selber dar: Er zählt zuerst die Apostel und die Jünger auf, denen Jesus in den vierzig Tagen nach seiner Auferstehung erschienen ist, und fügt dann, gegen alle zeitliche Logik, hinzu, auch ihm sei, »zuletzt nach allen andern«, der eben Auferstandene auch erschienen (1. Korinther 15;8).

In Wirklichkeit allerdings erst drei Jahre nach den andern. Jedoch in einer Vision, die nicht nur Paulus selber vom Pferd geworfen hat, sondern auch die ganze Urchristenheit so erschüttern sollte, dass sie in der Apostelgeschichte nicht etwa nur einmal erzählt wird, sondern gleich dreimal hintereinander (9;3–19, 22;3–21, 26;4–18). Die Bibel ist ein dickes Buch, nicht zuletzt deshalb, weil manches zweimal erzählt wird. Aber dreimal hintereinander, das ist selbst in der Bibel eine Sensation.

Warum ist Jesus an der Straße nach Damaskus ein zweites Mal erstanden, um Paulus zu berufen? Weil nach seiner ersten Auferstehung in der Urgemeinde zu Jerusalem alles schiefgelaufen war. Nicht etwa nur ein bisschen schief. Absolut schief.

Die Szene dort, wenige Wochen nach der Auferstehung, beschreibt Lukas gleich am Anfang der Apostelgeschichte. Und wie immer, wenn der Maler Lukas (oder seine Malerschule) malerisch zur Feder greift, klingt alles arg harmonisch:

»Und als sie ins Haus kamen, stiegen sie hinauf in den oberen Stock, wo Petrus und Jakobus sich aufhielten, Johannes und Andreas, Philippus und Thomas, Bartholomäus und Matthäus, Jakobus, der Sohn des Alphäus, Simon Zelotes und Judas, der Sohn des Jakobus. Diese alle waren stets beieinander, einmütig im Beten und Flehen, samt den Frauen und Maria, der Mutter Jesu, und seinen Brüdern« (Apostelgeschichte 1;13 und 14).

Die berühmte Urgemeinde zu Jerusalem! Petrus, dem eben noch der Hahn nachgekräht hat, ist wieder aufgetaucht, samt der ganzen windigen Apostelschar, die sich doch, anders als die Frauen, nicht nach Golgatha hinauf getraut hatte. Aber sind die Apostel denn wenigstens, nachdem sie so versagt haben, jetzt, versteckt in jenem oberen Stockwerk, »im Beten und Flehen« reumütig unter sich? Nein, sie haben sich mit einer zweiten Personengruppe vereint. Vereint, ob ihr's glaubt oder nicht, mit der Heiligen Familie aus Nazareth. Dass Maria zu den Jüngern gestoßen ist, im oberen Versteck jenes Hauses in Jerusalem, ist verständlich. Jesus hat es ihr am Kreuz so aufgetragen. Aber was haben die Brüder Jesu plötzlich von Nazareth nach Jerusalem zu ziehen und dort im Verein mit den Aposteln zu dem auf einer Wolke entrückten Jesus zu beten und zu flehen? Ein paar Wochen zuvor hatten sie noch nicht die geringste Neigung gezeigt, mit Jesus beim Abendmahl in Jerusalem brüderlich das Brot zu brechen. Noch weniger haben sie ihm, im Unterschied zu ihrer Mutter, auf Golgatha im Sterben beigestanden.

Jetzt plötzlich sind sie da, die Brüder. Lukanisch harmonisch mitten unter den Jüngern. Wartet noch zehn Tage, dann ist Pfingsten, und es wird, von Lukas ausgemalt, alles noch harmonischer in der Urgemeinde zu Jerusalem. Unglaublich harmonisch:

> *»Alle aber, die gläubig geworden waren, waren beieinander und hatten alle Dinge gemeinsam. Ihre Güter und Habe verkauften sie und verteilten sie unter allen, nach den Bedürfnissen eines jeden. Und sie waren täglich einmütig beieinander im Tempel und brachen das Brot hier und dort in den Häusern, hielten die Mahlzeiten mit Freude und lauterem Herzen und lobten Gott und fanden Wohlwollen beim ganzen Volk«* (Apostelgeschichte 2;44–46).

Jaja, so ist es sicher gewesen: Alle waren gleich in der Urgemeinde zu Jerusalem.

Einer aber war gleicher.

Gleich steigt er über all die Gleichen empor als »Haupt der Urgemeinde«, als »erster Bischof von Jerusalem«. Eigentlich müsste das doch Petrus sein, oder nicht? Aber nein. Ein ganz anderer hat sich hochgeschwungen. Hoch über Petrus, hoch über sämtliche Apostel. Jakobus heißt der Obergleiche in der Urgemeinde zu Jerusalem. Kommt uns der Name nicht bekannt vor?

Ja und nein. Nein, das ist nicht jener Jakob, dem Hape Kerkeling nachgepilgert ist nach Santiago de Compostela; jener war der Apostel Jakobus, ein unbescholtener Jünger. Ganz anders dieser Jakob, mit dem wir es jetzt in Jerusalem zu tun bekommen. Das ist kein Apostel, sondern jener schlimme Jakobus, den Matthäus und Markus, beide, an die Spitze der Brüder Jesu stellen. An die Spitze jener Brüderrotte, die, wir haben es mit Schrecken erlebt, Jesus zuerst für geisteskrank erklärte und ihn festnehmen wollte, die dann sogar heimtückisch danach trachtete, ihn zu ermorden.

Putsch in der Urgemeinde zu Jerusalem!

Klarer als Jesus es getan hat, konnte man mit der Heiligen Familie nicht brechen. Aber kaum ist er tot, kniet die ganze Sippe aus Nazareth oben auf der Matte der Urgemeinde zu Jerusalem. Mittelpunkt der Urgemeinde ist jene Mutter, von der sich Jesus noch auf Golgatha ein letztes Mal schroff distanziert hat. Über allen aber thront ein ungeahnter, unvorhergesehener Chef: nicht Jünger Petrus, sondern Bruder Jakob. »Jakobus der Gerechte« nennt er sich jetzt. Behauptet, Jesus sei ihm als seinem Bruder nach der Kreuzigung in einer Spezial-Vision erschienen (siehe 1. Korinther 15;7). Wartet noch ein bisschen und die Christen des Orients werden ihn verehren als »Ιάκωβος ο αδελφόθεος«. Wahrhaftig als »adelphotheos«! Das heißt »Gottesbruder«.

Filmreif ist die Szene: Die »Gottesmutter« in der Mitte, ein besonders gerechter »Gottesbruder«, flankiert von den drei andern Gottesbrüdern, nach Jesu Tod hoch über den Aposteln, hoch über der ganzen betenden und flehenden Urgemeinde. Wer Ohren hat zu hören, der höre, wie sie angeben mitten in der Urgemeinde, die Gottesgebrüder: »Wir waren ihm doch immer so nahe. Viel näher als ihr alle. Seine Brüder waren wir. Das ist schon etwas Besonderes. Natürlich hatten wir unsere Zweifel. Aber im Grunde haben wir immer an ihn geglaubt. Gerade wir, die ihn am besten kannten. Immer schon haben wir gewusst, dass aus unserem Jesus doch noch etwas werden würde.«

Machtergreifung in der Urgemeinde zu Jerusalem. Machtergreifung durch die Heilige Familie. Ungewöhnlich? Nein, typisch Familie. Vom Brudermord zum Familienbetrieb ist nur ein Schritt.

In jenem oberen Stockwerk in Jerusalem war Gefahr im Verzug. Tödliche Gefahr, dass die Stiftung Jesu – Religion als Befreiung von der Familienbande – verkehrt würde ins fürchterliche Gegenteil.

Braucht es denn viel christliche Phantasie, um sich vorzustellen, was der Christenheit passiert wäre, wenn dem Gottesbruder Jakobus und seinen Gebrüdern die Machtergreifung dauerhaft gelungen wäre? Jene Schreckensherrschaft einer Heiligen Familie, die uns nach dem Tod Jesu nur durch das Wunder bei Damaskus erspart bleiben sollte, eben dies ist nach Mohammeds Himmelfahrt – ebenfalls in Jerusalem! – über unsere muslimischen Schwestern und Brüder hereingebrochen.

Vielleicht um sich vom Propheten Jesus möglichst auffällig zu unterscheiden, hatte der Prophet Mohammed – Friede sei mit ihm – unbedingt Familienvater werden wollen. Familienvater im Quadrat. Das ist durchaus mathematisch zu verstehen: Zehn Gattinnen hat Mohammed geheiratet:

Chadidscha, Sawada, Aischa, Hafsa, Zainab, Umm Salama, Umm Habiba, Safiya, Maimuna und Maria.

Acht davon blieben rätselhaft unfruchtbar. An Mohammed kann das nicht gelegen haben. Denn die erste, Chadidscha, schenkte ihm sechs Kinder, darunter die beiden Söhne Kasim und Abdullah. Doch die raffte Bruder Tod aus der Wiege dahin. Die letzte Gattin, Maria, wie der Name vermuten lässt, eine christliche Sklavin, schenkte ihm wieder einen Sohn. Doch auch diesen, Mohammeds geliebten Ibrahim, raffte Bruder Tod wiederum dahin.

Nach Mohammeds Himmelfahrt in Jerusalem haben wir jetzt ein Familienproblem im Quadrat: Zehn Frauen, alle (mit Ausnahme natürlich der christlichen Maria) als »Mütter aller Gläubigen« noch heute hochverehrt. Aber kein Sohn, kein direkter Nachkomme, der den Anspruch erheben konnte, die ganze Familienbande in Schach zu halten. Dafür eine unüberschaubare Zahl von Schwiegervätern, Schwiegersöhnen, Onkeln, Großonkeln und Vettern, die natürlich alle, wie das in Familien so ist, das Familienerbe an sich raffen wollten – in diesem Fall die neue Religion. Als besonderes Verhängnis erwies es sich, dass Mohammed seine Lieblingsfrau Aischa als Sechsjährige gefreit hatte. Die bösen Piusbrüder werfen ihm deshalb heute Kinderschändung vor. Geschadet hat es Aischa jedenfalls nicht. Noch viele Jahre nach seinem Tod besaß sie jugendliche Energie genug, um jeden Schwiegervater gegen jeden Schwiegersohn, jeden Vetter gegen jeden Onkel, ja Großonkel mörderisch aufzuhetzen.

Familienleben im Quadrat. Mord und Totschlag in der muslimischen Urgemeinde!

Seit den Tagen jener Urgemeinde dauert dieser mörderische Familienkrieg unvermindert an: im Bombenterror zwischen Sunniten und Schiiten. Friedefriede sei mit ihnen allen. Mit oder ohne iranische Atombombe ist man nämlich in Teheran überzeugt, dass die böse Aischa den rechtmässigen Familienerben, Ali Ibn Abi Talib, einen Vetter und Schwiegersohn des Propheten, den Mann der schönen Prophetentochter Fatima, ums Erbe brachte und ums Leben. Wann wirst du, verborgener zwölfter Mahdi, Mahdi Muhammad al-Mahdi, wann – Friede sei mit dir – wirst du, wie verheißen, Seite an Seite mit dem Propheten Jesus wiederkehren, um am Ende aller Zeiten den Familienterror im Islam zu beenden?

Wir wissen es nicht. Wir wissen nur: Einer ist gekommen, einem ist Jesus persönlich erschienen, damit er jenen Familienterror, mit dem unsere islamischen Schwestern und Brüder gestraft sind, uns Christen erspare:

Paulus, der zweite Single!

Single war er, als Jesus ihn berief, Single blieb er. Selbstverständlich durfte er Single sein. Wohl war er Jude, sogar ein pharisäisch gebildeter Jude, und doch ein Jude anderen Schlags als Petrus. Der kam, samt seiner grässlichen Schwiegermutter, aus der Dorfwelt Galiläas. Paulus wird keine Schwiegermutter mit sich schleppen. Denn er kam nicht aus Galiläa, sondern aus Tarsus. Das war eine große, weltoffene, griechisch geprägte Hafenstadt in Kleinasien. Eine Hafenstadt so lebendig wie Korinth. Auch in Korinth wird es Paulus wohl sein wie in Tarsus. In Tarsus war es auch Kleopatra wohl gewesen.

Paulus aus Tarsus. Ein jüdischer Intellektueller, der griechisch schrieb, griechisch dachte und mit den Griechen empfand. Eines aber hat die Griechen unterschieden von allen andern Völkern der Antike, von den Römern und von den Persern, von den Juden und von den Arabern erst recht: Die Griechen, sie allein, trieben keinen frommen Kult um die Heilige Familie. Im Gegenteil: Ihnen machte es den größten Spass, die Familie zu verspotten.

Mit Sokrates hat das angefangen. Familienvater war er, ein Weib und drei Söhne hat er gehabt. Aber ernstgenommen hat Sokrates seine Familie nicht. So viele Witze hat er über sie gerissen, dass Xanthippe Grund genug hatte, einen vollen Nachttopf auszugießen über sein sarkastisches Haupt. Als sie dann aber doch laut heulend an seinem Sterbebett stand, hat Sokrates, bevor sein Auge brach, sie noch schleunigst wegbringen lassen. In Frieden wollte der geistreichste aller Griechen sterben. Unter Freunden und in Frieden.

Ohne Familie.

Wie in Athen so auf dem Olymp. Dass Zeus verheiratet war, ist unbestreitbar. Ursprünglich war er sogar der Schutzgott der griechischen Familie. Aber lange hat ihn in dieser religiösen Funktion niemand ernstgenommen. Nichts als Gegenstand ausgelassenen Gelächters war in den Theatern von Athen das skandalöse Familienleben auf dem Olymp.

Eine Göttin aber haben die Griechen nicht verlacht: Athene, die mächtige Göttin des Wissens und der Weisheit. Die Patronin der Künste und der Wissenschaften. Athene, die Jungfräuliche. Athene, die immerwährende Single.

Jedes andere Volk hätte aus ihr eine lächerliche alte Jungfer gemacht. Die Griechen nicht. Die mächtige Athene nahmen sie ernst. »Aut liberi aut libri – enweder Kinder oder Bücher«: Der Spruch ist durch Nietzsche berühmt geworden. Doch er geht auf Sokrates zurück. Auf Athene. Wissen ist wichtiger als zeugen, schreiben ist wichtiger als gebären. Einzigartig war die Welt der Griechen, einzigartig der, wie die Kindergärtnerin sagen würde, »soziokulturelle Kontext«, aus dem ein Paulus kam.

Von Anfang an und konsequent wird dieser spätberufene Paulus das Gegenteil von dem tun, was der selbstberufene Gottesbruder in Jerusalem seit drei Jahren tat.

Familien setzen sich gerne fest. So fest saß Jakob, der gerechte Familienvater, auf seinem Stuhl als »erster Bischof von Jerusalem«, dass selbst Petrus, der doch auch gern fest auf einem Stuhl sitzen wollte, nichts anderes übrig blieb, als samt seiner unvermeidbaren Schwiegermutter auszuweichen auf den Stuhl von Antiochien. Lange noch wird der katholische Kalender am 22. Februar ein kurioses Gedächtnis feiern: »cathedra Sancti Petri in Antiochia«.

Paulus dagegen will nicht Bischof werden und schon gar nicht Papst. Nicht einen Augenblick denkt dieser Single daran, dem Gottesbruder Jakob seinen heiligen Stuhl und festen Wohnsitz streitig zu machen. Nicht sich festsetzen will Paulus, sondern sich aufmachen.

Genau wie Jesus!

War Jesus, wie Gerd Theissen meint, ein »Wanderradikaler«? Jedenfalls ist er radikal gewandert: Von Galiläa nach Samaria, von Samaria nach Judäa, von Judäa nach Peräa und wieder heim nach Galiläa, von Galiläa hinauf nach Phönizien, von Phönizien hinüber in die Tetrachie des Philippus, dann hinab in die Dekapolis und wieder heim nach Galiläa – ein erstaunliches Wanderprogramm in drei Jahren. Trekking wäre im Falle Jesu der zutreffendere Begriff.

Bei Paulus aber nimmt die Wanderlust noch ganz andere Dimensionen an als bei Jesus. Auch Paulus trekkt. Von Pisidien nach Pamphylien, von Pamphylien nach Pisidien und so weiter durch seine ganze kleinasiatische Heimat. Vor allem aber surft Paulus kreuz und quer durch alle Wellen des Mittelmeers. Schifft sich von Asien ein nach Europa und von Europa wieder nach Asien zurück. Es scheint, dass er schwimmen konnte. Sonst wäre er uns noch ertrunken beim Schiffbruch vor Malta (Apostelgeschichte 27;43). Wer auch nur versucht, auf der Landkarte all die Reisen des Apostels zu Lande und zu Wasser selber nachzuzeichnen, verschlingert und verheddert sich in einen mediterranen Knäuel von abenteuerlichen Reiserouten.

Imitatio Jesu Christi? Ja. Heiliger Missionseifer? Ja. Aber nicht zuletzt auch Lebensstil. Singles sitzen nicht fest. Singles sind mobil. Singles trekken, Singles surfen gern. Singles lieben den Duft der großen weiten Welt.

Während so der heilige Paulus von einem Abenteuer ins andere schifft, sitzt der Gottesbruder Jakobus inamovibel fest auf seinem Familiensitz in Jerusalem. Dass ihn begeistert hätte, was ihm in Jerusalem (vermutlich immer noch im oberen Stock jenes Hauses) über die Reiselust Pauli zu Ohren kam, wird niemand behaupten, der auch nur die geschönten Verse der Apostelgeschichte liest. Bis ins innerste Anatolien hat der selbsternannte Oberchrist in Jerusalem dem Quereinsteiger Paulus seine Spione nachgeschickt. Noch im Brief an die Galater wird Paulus sich an jene fiesen Spitzel erinnern: »Denn da waren falsche Brüder, die sich eingeschlichen hatten, um die Freiheit auszuspionieren, die wir in Christus Jesus haben, und uns gefangen zu nehmen« (Galater 2;4).

Um jeden Preis wollte Jakob die Hausmacht der Heiligen Familie sichern. Paulus dagegen wollte die Freiheit Jesu Christi. Für sich selbst und für uns alle. Zwischen diesen beiden konträren Christen naht, unvermeidbar, unausweichlich, der epochale Konflikt. Im Jahr 50 brach er offen aus.

Paulus predigte gerade in Antiochien. Da predigte er gern. Antiochien war wunderschön. Mit ihren Theatern, ihren Boulevards war diese syrische Großstadt das Paris der Antike. Alle Völker des Orients waren in Antiochien versammelt. Und alle sprachen griechisch. Auf Griechisch verkündete Paulus in Antiochien allen, Heiden wie Juden, die Freiheit Jesu Christi. Da wurde seine Verkündigung böswillig gestört:

»Es kamen etliche herab von Judäa und sagten den Brüdern: Wenn ihr euch nicht beschneiden lasst nach der Weise des Moses, könnt ihr nicht selig werden. Da erhob sich ein Aufruhr, und Paulus und Barnabas hatten einen nicht geringen Streit mit ihnen …« (Apostelgeschichte 15;1–2).

Es gibt etwas, was fast so schlimm ist wie die Familie, ja manchmal noch schlimmer. Das ist die Nation. Ist nämlich die Familie, im Sinne Tucholskys, die allererste, archaische Verklumpung der Menschheit, so wächst sich dieser Klumpen über Verwandtschaft und Sippe immer schrecklicher, immer mächtiger, immer bedrohlicher aus zum Mega-Klumpen der Nation. Nicht umsonst haben alle Nationalismen des 20. Jahrhunderts die Familie als ihre »Keimzelle« hochgepriesen und gefördert.

Wie im 20., so im 1. Jahrhundert.

Gar nichts anderes predigte Paulus, der Völkerapostel, in Antiochien, als was er rund ums Mittelmeer überall gepredigt hat: die frohe Botschaft Jesu Christi an alle Völker. Christentum international. Ist das ein Grund für einen solchen »Aufruhr«?

Ja. Auf seinem Familienstuhl zu Jerusalem predigte Gottesbruder Jakobus nämlich das Gegenteil: Christentum für die eigene Nation. Strengstes »Judenchristentum«. Gewiss durften auch bei ihm Heiden Christen werden. Aber dafür mussten sie zuerst Juden werden. Messerscharf gesagt: Sie mussten sich beschneiden lassen. Und mussten zuerst einmal die aberhundert jüdischen Speise-, Reinheits- und Sabbatgebote halten.

Die jüdischen Speise- und Reinheitsgebote hätten manche Griechen zur Not akzeptiert. Aber sich herumschnippeln lassen am Pipi? Brrrrr! Davor hat's den Griechen gegraust. Den Römern noch mehr. Bei aller Liebe zu Jesus – so etwas niemals, numquam, μήποτε!

Paulus war Jude. Er war selber beschnitten und das war gut so. Aber er war auch Grieche. Er wusste, was Griechen empfinden. Jakobus wusste es nicht. Er war es, der jene Späher und Horcher aus dem nationalen Jerusalem ausgeschickt hatte ins internationale Antiochien. Als sie, wie zu erwarten, meldeten, für Paulus sei es eine christliche Selbstverständlichkeit, bekehrten Griechen die Beschneidung zu ersparen, brach der Streit, der zwischen diesen beiden radikal verschiedenen Männern seit Jahren schwelte, offen aus.

Das war das »Apostelkonzil von Jerusalem«, und selbst nach der über alle Maßen geschönten Darstellung in der Apostelgeschichte muss es ein Höllenstreit gewesen sein. Warum endete er nicht im endgültigen Bruch?

»Als sie sich aber lange gestritten hatten, stand Petrus auf und sprach zu ihnen: Ihr Männer, liebe Brüder …«
(Apostelgeschichte 15;7).

Es war die Stunde des Petrus. Er, der nie einen festen Standpunkt hatte, erwies sich als genialer goer-between. »Alsbald schwieg die ganze Menge still und hörte Paulus und Barnabas zu, die erzählten, was für große Zeichen und Wunder Gott durch sie getan hatte unter den Heiden« (Apostelgeschichte 15;12).

Doppelt Großes hatte Paulus getan. Viel Glauben hatte er erweckt, aber auch viel Geld gesammelt. Für Jakobus. Nach alter jüdischer Tempeltradition war dieser nämlich der Meinung, die Diaspora sei dazu da, Geld nach Jerusalem zu schicken. Geld schickten die jüdischen Gemeinden aus dem ganzen Römischen Reich an den Tempel in Jerusalem. Geld, so die selbstverständliche Folgerung des Jakobus, hatte jetzt die christliche Diaspora ihm zu schicken, dem, wie wir bereits zur Genüge wissen, »ersten Bischof von Jerusalem«. Und Paulus hatte Geld nicht nur geschickt, sondern auch selber gebracht (Apostelgeschichte Kapitel 11;29–30). Konnte Jakobus wirklich mit ihm brechen? Endgültig?

So tüftelte denn Petrus einen faulen Kompromiss aus, den Jakobus zum Schluss absegnete: Paulus durfte weiterpredigen wie bisher und seine Griechen brauchten sich nicht beschneiden zu lassen. Sie sollten aber ein paar wenige Restgebote aus dem jüdischen Reinheitskatalog beachten. Eine Art symbolisches Rumpf-Judentum für nichtjüdische Christen. Doch davon hat später nie mehr jemand gesprochen. Der Kompromiss des Petrus war nichts als eine diplomatische Verschleierung für den Triumph des Paulus über Jakobus.

Mochte Jakobus ein Gottesbruder sein, so war er doch vor allem eins: ein schlechter Verlierer. Nicht lange danach ging es nämlich schon wieder los. Und wieder in Antiochien. Zur Abwechslung fiel Petrus diesmal, wie Paulus berichtet, nach der andern Seite um:

> *»Zuvor, das heißt: bevor etliche von Jakobus kamen, aß er (Petrus) zusammen mit den Heiden. Als jene aber kamen, entzog er sich und sonderte sich ab, weil er die fürchtete, die von den Juden kamen. Und mit ihm heuchelten die andern Juden, so dass auch Barnabas verführt wurde, mit ihnen zu heucheln. Da ich sah, dass sie sich nicht an die Wahrheit des Evangeliums hielten, sprach ich zu Petrus vor allen öffentlich: So du, ein Jude bist du, lebst aber selber heidnisch und nicht jüdisch. Warum zwingst du dann die Heiden, jüdisch zu leben?«* (Galater 2;12–14).

Dieser »Zwischenfall von Antiochien« hat ein größeres Echo gehabt als das Apostelkonzil in Jerusalem. Dabei war er nur ein Nachspiel. Petrus musste sich genauso fügen wie Jakobus. Endgültig hatte Paulus gesiegt.

Im Sieg demütig zu bleiben, ist eine der schönsten christlichen Tugenden. Und Paulus blieb demütig im Sieg. Statt Jakobus zu stürzen, hat er ihn ganz einfach auf seinem Heiligen Stuhl in Jerusalem eingemottet. Hat ihm sogar noch einmal etwas Geld gebracht. Bis sich zum Schluss, nach dem Tod des Jakobus, wir wissen nicht wie, die ganze Heilige Familie im Heiligen Land sang- und klanglos verbröselt hat.

Mancher fragt sich, was der Heilige Geist eigentlich im Kopf hatte, als er das Neue Testament komponierte. Was zum Beispiel haben in der Bibel jene beiden Brieflein zu suchen, die er ganz am Schluss des Neuen Testaments, unmittelbar vor der Apokalypse, noch rasch eingefügt hat? Diese beiden kuriosen Textlein stammen höchstwahrscheinlich – sicher ist in der Bibel nichts – von den Gottesgebrüdern in Jerusalem.

Da ist der »Brief des Jakobus«. Die meisten Exegeten nehmen an, dass ihn der Ober-Gottesbruder selber noch vor dem großen Streit mit Paulus geschrieben hat. Mit Kernsätzen wie diesem:

»Wenn die Lust empfangen hat, gebiert sie die Sünde.
Die Sünde aber, wenn sie vollendet ist, gebiert den Tod«
(Jakobus 1;15).

Immerhin ist dieser Gottesbruderbrief gerade noch zumutbar. Unlesbar aber, ja stumpfsinnig beschränkt ist der andere Brief. Der Brief des Judas. Das ist nicht jener Judas, der sich erhängt hat, sondern jener Gottesbruder Judas, der uns bereits unrühmlich aufgefallen ist (Matthäus 13;55, Markus 6;3). Auch so ein Familienvater. Zu ihm zu beten hilft, wie Wikipedia herausgefunden hat, besonders in verzweifelten Familienlagen. Jedenfalls erlebt sein Kult zurzeit in Chicago einen gespenstischen Boom. Dieser Familien-Judas schreibt wörtlich:

»Zum Exempel gesetzt sind Sodom und Gomorrha und jene
umliegenden Städte, die wie diese Unzucht getrieben haben
und nach einem andern Fleisch gegangen sind. Und sie leiden
des ewigen Feuers Pein« (Judas, Vers 7).

Unmittelbar vor die Apokalypse hat der Heilige Geist diese beiden unsäglichen Bruderbriefe in die Bibel eingefügt. Warum? Damit ihr, unmittelbar vor dem Weltuntergang, noch einmal vergleichen könnt.

Vergleicht die wüsten, tumben, verbohrten Rechthabereien der beiden Gottesbrüder mit den lichten, weiten, herrlichen Sätzen, die Paulus aus Ephesus an die Korinther schrieb. Es sind die schönsten, die tiefsten Sätze in der ganzen Bibel, sei's das Alte, sei's das Neue Testament.

Ein Single preist die Liebe:

»Wenn ich mit Menschen- und mit Engelszungen redete und hätte der Liebe nicht, so wäre ich ein tönend Erz oder eine klingende Schelle. Und wenn ich weissagen könnte und wüsste alle Geheimnisse und alle Erkenntnis und hätte allen Glauben, so dass ich Berge versetzte, und hätte der Liebe nicht, so wäre ich nichts« (1. Korinther 13;1–2).

Jesus hat die Nächstenliebe gepredigt, die Feindesliebe gar. Doch er hat das in ziemlich herben Sätzen getan: »Du sollst« und »Ich aber sage euch«. Das Hohelied der Liebe hat uns erst Paulus geschenkt.

Ein ganzes Buch hat der Moraltheologe Hans-Günter Gruber geschrieben, um ausgerechnet die Familie anzupreisen als Hort und Herd der »entschiedenen, hingebenden und hoffenden Liebe«. Liest Hans-Günter Gruber auch manchmal in der Bibel? Hat er auch schon mal jene beiden grässlichen Familienväter-Briefe verglichen mit dem wunderbaren Brief des Paulus an die Korinther?

Das biblische Hohelied der Liebe stammt von einem Single!

Und hätte er sonst nichts gepredigt, nichts geschrieben, dieses 13. Kapitel im Brief an die Korinther ist die Charta einer neuen Religion, einer neuen Liebe, die alle Beengungen durch Familie und Nation überwindet.

»Die Liebe«, hat Paulus gesagt, »ist geduldig und gütig« (1. Korinther 13;1). Wir würden heute – etwas weniger gut – sagen: Die Liebe ist tolerant. So groß war die Liebe des Single Paulus, dass er sogar die intoleranteste aller Institutionen, die Familie, toleriert hat. Singles sind ja urban, und das heißt: Sie sind in ihrem ganzen Lebensstil tolerant. So tolerant wie Paulus selbst:

»Ich möchte, ihr wäret ohne Sorgen. Der Single sorgt sich um die Sache des Herrn; er will dem Herrn gefallen. Der Verheiratete sorgt sich um die Dinge der Welt; er will seiner Frau gefallen. So ist er geteilt. Die unverheiratete Frau aber und die Jungfrau sorgen sich um die Sache des Herrn, um heilig zu sein an Leib und Geist. Die Verheiratete sorgt sich um die Dinge der Welt; sie will ihrem Mann gefallen. Das sage ich zu eurem Nutzen: nicht um euch eine Fessel anzulegen …«
(1. Korinther 7;32–35).

»Nicht um euch eine Fessel anzulegen«: Das ist das Toleranz-Edikt des Paulus. Jeder soll selber entscheiden, ob er heiraten will oder nicht. Nur jetzt nicht den Familien jene schmähliche Intoleranz heimzahlen, welche die Familien selber jahrtausendelang gegen die Singles verübt haben. Als toleranter Single weiß Paulus: Der Familienmensch ist auch ein Mensch. Doch bei aller Toleranz verkündet Paulus einen klaren Umsturz in der Rangordnung: Der Single ist nicht länger wie bei Zarathustra, wie bei Moses, ein verfluchter Außenseiter. In jenem neuen Zeitalter, das mit Jesus beginnt, ist der Single der eigentliche Christ.

Umso trauriger muss es uns Christen des 21. Jahrhunderts stimmen, dass sich im 20. Jahrhundert eine unheilige Dreierbande von Rufmördern gegen den heiligen Paulus erhoben hat: Eugen Drewermann, Uta Ranke-Heinemann und Karlheinz Deschner. »Scharf antijesuanisch«, schreibt Deschner, habe Paulus, erst er, im Urchristentum »die Diffamierung der Sexualität« und »die Zurücksetzung der Frau« eingeführt.

Paulus gegen Jesus? Paulus gegen die Liebe? Paulus gegen die Frau?

Als bester Paulusforscher ist heute, im 21. Jahrhundert, weltweit Professor Jerome Murphy-O'Connor in Jerusalem anerkannt. In lebenslanger Forschung hat dieser eminente Gelehrte unwiderlegbar bewiesen, dass alle jene berüchtigten Stellen in den Briefen des heiligen Paulus, in denen die Frau diskriminiert wird, gar nicht von Paulus selber stammen. Das sind allesamt »post-Pauline interpolations«. Auf Deutsch: Einschiebungen sind das. Unterschiebungen. Von wem eigentlich?

Nehmen wir nur jene beiden Verse im 1. Brief an Timotheus, die weiß Gott frauenfeindlich klingen: »Ein Weib lerne in der Stille mit aller Untertänigkeit. Ich gestatte einem Weib nicht, dass sie lehre, auch nicht, dass sie des Mannes Herr sei. Stille soll sie sein« (1. Timotheus 2;11–12). Und dann auch noch so etwas: »Sie wird aber selig werden durch Kinderzeugen« (1. Timotheus 2;15).

Nicht nur diese drei Verse, der ganze Brief stammt nicht von Paulus. Ein halbes Jahrhundert erst nach seinem Tod ist er Paulus unterschoben worden. Genauso wie der berüchtigte Vers »Das Weib schweige in der Versammlung«, der ja – völlig unglaubwürdig – im 1. Korintherbrief gleich nach dem Hohelied der Liebe eingeschoben wurde (1. Korinther 14;34). Nochmals gefragt: Von wem?

Schaut euch die drei Verse aus dem Brief an Timotheus noch einmal an. Worum geht es da? Ums brave Familienleben. Aha! Eine namenlose Clique von feigen Familienvätern, auf die sonst keine Christin und kein Christ gehört hätten, sie haben sich die Autorität des Paulus angemasst und ihre reaktionären Vorurteile gegen ihre eigenen Ehefrauen dem Single Paulus gewissenlos untergeschoben.

Paulus selber aber war, wie jeder echte Single, ein echter Frauenfreund. Wo immer er hinkam rund ums Mittelmeer, ist er mit Frauen locker umgegangen. Vorurteilslos. Fortschrittlich.

Für jene Zeit revolutionär, für Paulus selber aber so selbstverständlich wie für Jesus war es, dass auch er seine Predigtreisen in Gesellschaft von Frauen unternommen hat. Ausdrücklich bezeichnet er es als sein selbstverständliches Recht, auf seine Reisen »eine schwesterliche Frau – αδελφήν γυναῖκα – mitzunehmen« (1. Korinther 9;5). Den Brief an die Römer könnte man fast als Römerinnen-Brief bezeichnen, mündet er doch in schöne Grüße an »unsere Schwester Phöbe« (Römer 16;1), schöne Grüße auch an die heilige Priszilla, mit der zusammen er in Korinth anderthalb Jahre lang Teppiche (manche sagen: Zelte) geknüpft hat – in allen Ehren übrigens, ihr Mann Aquila knüpfte mit. Auch eine Maria lässt er herzlich grüßen. Vor allen Dingen aber schöne Grüße an seine Mitapostelin Junia.

Junia?

Jawohl Junia. In der Einheitsübersetzung heißt es peinlich genug: »Grüßt Andronikus und Junias, die zu meinem Volk gehören und mit mir zusammen im Gefängnis waren; sie sind angesehene Apostel und haben sich schon vor mir zu Christus bekannt« (Römer 16;7).

Schiebung!

Das gleiche feige patriarchalische Gelichter, das Paulus den Timotheusbrief unterschob, wird Generationen nach ihm die gleichberechtigte Freundin des Apostels, die Apostolin Junia, zu einem plumpen Junias verfälschen. Nicht alle sind auf die Fälschung hereingefallen. Noch der Kirchenvater Johannes Chrysostomus (349–407) hat die Weggefährtin des Völkerapostels selbstverständlich für eine Frau gehalten: »Wie groß muss die Weisheit dieser Frau gewesen sein, dass sie des Titels Apostel würdig befunden wurde!«

Nicht nur der zweite christliche Single war der Völkerapostel Paulus, sondern auch der erste christliche Feminist. Wer's nicht glaubt, der hat seinen Brief an die Galater nicht gelesen. In eben diesem Brief, in dem Paulus am schärfsten mit Jakobus und seiner reaktionären Sippschaft in Jerusalem abrechnet, steht auch diese Charta der neuen evangelischen Gleichheit und Freiheit von Mann und Frau:

> »*Hier ist kein Jude noch Grieche, hier ist kein Knecht noch Freier, hier ist kein Mann noch Weib*« (Galater 3;28).

Paulus war fertig geworden mit den Ober-Patriarchen in Jerusalem. Jetzt, dachte er, sei das Wesentliche doch wohl geschafft.

Irrtum!

Jerusalem ist weiß Gott schlimm. Aber – als frommer Katholik sage ich es nicht gerne – es gibt in der Religionsgeschichte etwas, was noch schlimmer ist als Jerusalem. Viel schlimmer.

Rom!

Paulus war kaum geboren, Jesus hobelte noch als lieber kleiner Azubi in Nazareth, da brach in Rom unter Kaiser Augustus eine grausame Single-Verfolgung aus. Im Jahre 9 war das. Zu Beginn einer seiner Siegesfeiern ließ der Kaiser plötzlich die festlich gestimmten Bürger auf dem Forum Romanum in zwei Blöcke aufteilen: Die Familienväter nach rechts! Die Singles, marsch, nach links! Zur allgemeinen Überraschung war der Block der Singles deutlich größer als der Block der Familienväter. Vielleicht, weil es zu dieser Zeit in Rom schon mehr Singles gab als Familienväter. Vielleicht auch, weil Singles mehr Zeit haben, an Siegesfeiern teilzunehmen.

Feierlich die Stimme hebend, wandte sich der Kaiser zuerst nach rechts. Bis in den Olymp hinauf pries Augustus die vor ihm stehenden Familienväter und ihr Familienleben:

> »*Wohlan denn, lasst uns unsere sterbliche Natur wettmachen durch eine ununterbrochene Folge von Geschlechtern, als wären es Fackeln, von Hand zu Hand gereicht. Auf dass der einzige Vorzug, den die Götter über*

uns haben, die Unsterblichkeit, uns zuteil werde durch die Zeugung immer weiterer Nachkommen.«

Theologie war nicht die Stärke von Augustus. Die kaiserliche Rede wurde jetzt nämlich denkbar unlogisch: »Die Götter selbst heiraten und haben Kinder.« Immerhin durfte sich jeder römische Familienvater bei dieser Rede des Kaisers fühlen als kleiner Jupiter.

Wenn in diesem Augenblick überhaupt noch jemand richtig zuhörte. Alle ahnten nämlich: Das dicke Ende kommt erst noch. Langsam, grimmigen Gesichts, wandte Augustus sich nach links. Ein Hauch von Panik ging durch den Block der Singles.

»Wie soll ich euch überhaupt nennen? Männer? Doch ihr scheut das eigentliche Werk des Mannes. Bürger? Doch ihr lasst es darauf ankommen, dass der Staat zugrunde geht. Römer? Doch ihr tut alles, um den Namen Roms zu ruinieren.«

Tief ducken sich die römischen Singles. Der Kaiser steigert sich in fürchterlichen Zorn:

»Mörder seid ihr! Denn ihr zeugt die Kinder nicht, die aus euch entspringen sollten. Unrein seid ihr! Denn ihr löscht den Namen und die Ehre eurer Ahnen aus. Gottlos seid ihr! Denn ihr seid schuld, dass unsere Rasse, einst von den Göttern erschaffen, verschwindet, dass vernichtet wird die menschliche Natur, die doch die schönste Opfergabe an die Götter ist. Die Altäre und die Tempel richtet ihr zugrunde!«

Was wird den römischen Singles jetzt passieren, nach einer solchen Schmährede des Kaisers?

Blöde Frage! Ein neues Steuergesetz kommt.

Besser gesagt: zwei Steuergesetze, welche die Singles gnadenlos schröpfen sollen. Wichtigste Bestimmung: Jeder römische Mann im Alter von 25 bis 60 Jahren ist künftig gesetzlich verpflichtet, eine Familie zu gründen. Hochqualifizierte »censores« (eigentlich nicht »Zensoren«, sondern »Steuerfahnder«) haben von Haus zu Haus zu spionieren, ob da irgendwo vielleicht ein letzter Single sich noch dieser heiligen Pflicht zur Familiengründung entzieht. Wer erwischt wird, hat zuerst ein hohes Bußgeld zu bezahlen, später wird er als Single bis ans Lebensende so konfiskatorisch besteuert wie heute in Deutschland.

Besonders grausam: Die beiden Konsuln, denen der Kaiser die Ausarbeitung dieser diskriminierenden Steuergesetze auferlegt, Marcus Papius Mutilus und Quintus Poppaeus Secundus, waren selber Singles. Besonders demütigend: Marcus Papius Mutilus und Quintus Poppaeus Secundus mussten sich selbst enterben. Kein Single nämlich soll künftig mehr in Rom eine Erbschaft antreten dürfen. Auch verheiratete Männer, denen die Zeugung von Nachkommen trotz bestem Bemühen misslungen ist, verlieren zumindest das halbe Erbe. Schon gemachte Testamente zugunsten von Singles werden für ungültig erklärt. Alles Geld und alle Güter werden dafür kinderreichen Verwandten zugesprochen. Und wenn es die nicht gibt? Dann erbt, wie zu erwarten, der unersättliche Familienvater Staat. Doch jetzt ein Gnadenparagraph: Singles, denen die radikale Besteuerung und Enterbung droht, haben, nachdem sie von der Steuerfahndung erwischt wurden, hundert Tage lang Zeit und Gelegenheit, die überfällige Familiengründung nachzuholen.

Wie aber ist es mit Witwen und Witwern? Wie mit schuldlos Geschiedenen? Vor allen Dingen: Welcher Richter wird einen Mann zur Familiengründung verdammen, wenn er mit ärztlichem Attest nachweisen kann, dass er impotent ist? Mit aberhundert Advokaten und abertausend Tricks haben sich die römischen Singles gewehrt gegen den Albtraum, eine Familie gründen zu müssen.

Woher kommt überhaupt unser schreckliches Wort »Familie«? Es kommt von »famuli«. Gern übersetzt man das jetzt mit einem harmlosen »Diener«. Aber »Knecht« ist angemessener, auch »Höriger« und »Sklave«. Alle, die zur »familia« gehörten, waren ausnahmslos Hörige, Sklaven des »paterfamilias«. Bis zum Tod seines Vaters durfte ein römischer Sohn, und wenn er fünfzig war, nicht einmal heiraten ohne die Genehmigung durch seinen greisen Vater.

Was war ein jüdischer Patriarch verglichen mit einem römischen paterfamilias! Nach römischem Recht hatte der paterfamilias nämlich das »Recht über Leben und Tod«. Das ausdrückliche Recht, die ganze Familie – Frau, Kinder, Sklaven, Hund, Esel, Katz – zu töten.

Es ist nicht bekannt, dass noch zur Zeit von Kaiser Augustus ein römischer paterfamilias im paternalistischen Machtrausch seine ganze hörige familia getötet hätte. Rom war eine Weltstadt geworden. Manches im Familienleben hatte sich gelockert. Es gab auch viele Singles. Aber das waren zumeist Intellektuelle. Lasen sie nicht mit Vorliebe griechische Autoren? Sprachen sie nicht unter sich lieber griechisch? War nicht mancher von ihnen gar dem »griechischen Laster« zugeneigt?

Singles gab es viele – aber sie galten als unrömisch. Dauerbrenner in römischen Theatern war eine Komödie von Plautus: »miles gloriosus – der prahlerische Soldat«.

Als Lachnummer steht ein »senex«, ein »Greis« von 54 Jahren, auf der Bühne. Und macht sich wichtig damit, dass er viele Frauen betört, aber keine geheiratet habe. Bekennt sich laut als Single: »Freiheit herrscht in meinem Hause. Frei bin ich selbst. Ich lebe wie's mir gefällt.«

Und die RömerInnen lachten. Nicht zuletzt lachten sie über den komischen Namen dieses Alt-Single. Periplectomenes hieß er. Wie komisch! Wie griechisch! Ja, lustig mag es sein, das Single-Leben. Aber es ist griechisch. Und das hieß in Rom: Es ist durch und durch unseriös.

Die Überzahl von Singles auf jenem Siegesfest des Augustus brachte es an den Tag: Die Lebenswirklichkeit war in Rom schon fast so griechisch wie in Alexandrien, in Antiochien, in Konstantinopel oder in Korinth. Aber die Norm blieb römisch. Nicht nur in der Rede des Kaisers.

Normen sind nirgendwo so wichtig wie in der Religion.

Und jetzt eine neue Religion! Eine Religion aus Ephesus und aus Korinth. Eine griechisch geprägte Religion. Eine urbane Religion. Eine Religion, welche Singles höher schätzte als Familien. Wie konnte eine solche Religion sich durchsetzen in Rom?

Ganz einfach so, wie neue Religionen sich an neuen Orten durchzusetzen pflegen: indem sie sich umfunktionieren lassen. In manchen Gegenden der Schweiz und Bayerns war es in meiner Jugend noch üblich, dass die Familienväter während der Predigt aus der Kirche gingen, um zusammen im Wirtshaus gegenüber ein Bier zu trinken. Predigt war Moral, und Moral war für Frauen und Kinder. Für die Familie. Für den Familienvater nicht.

Genau so dachten die römischen patresfamiliarum. Sie konnten das Christentum brauchen. Aber natürlich nicht für sich selber, sondern für die familia. Hatte ein römischer paterfamilias doch im Leben hauptsächlich zwei Pflichten zu erfüllen: Er musste mindestens einen Sohn zeugen, und er musste seine Töchter keusch in die Ehe bringen. Das Zweite war schwieriger.

Je lockerer die Sitten im Rom der Kaiserzeit wurden, desto schwieriger wurde die Mädchenerziehung. Die alte Religion mit Jupiters hemmungslos verhurter himmlischer Sippe war nicht mehr hilfreich. Aber da war doch das Christentum. Eine neue unverdorbene Religion, in der Keuschheit noch etwas galt. Sehr gut, diese neue Religion. Religionspädagogisch genau das Richtige. Nicht für Papi, aber für Papis heiratswillige Töchter.

Keuschheit ist der Stoff, aus dem die Legenden sind. Christliche Keuschheitslegenden wurden zuerst aus Alexandrien nach Rom importiert. Doch schon bald begann die Eigenproduktion. »Agnes beatae Virginis« heißt einer der schönsten lateinischen Hymnen der Antike.

Nackt hatten die tobenden Heiden sie, die zwölfjährige Christin Agnes, durch Roms Straßen schleifen wollen: ad lupanar – ins Bordell. Da fügte es der Himmel, dass ihre schönen Haare wunderbar plötzlich so lang und üppig wuchsen, dass sie ihren nackten Körper bis zu den Füßen schamvoll bedeckten. Ins lupanar geschleppt wurde sie dennoch. Dort aber stand ihr ein Engel zur Seite, der jeden Lüstling, der sie, die reine Jungfrau, berühren wollte, sofort mit Blindheit schlug. Bis die heilige Agnes schließlich, allen Jungfrauen Roms zum Exempel, zwölfjährig erst, für ihre Keuschheit das Martyrium durch das Schwert erlitt.

Das war die Sorte Christentum, welche die römischen Familienväter brauchen konnten. Zur Behütung ihrer Töchter bis zum Tag der Heirat. Aber für sie selber oder gar für ihre Söhne? Um Gotteswillen nein, nicht so etwas Unmännliches wie die Keuschheit!

Ein Mann, der keinen Stammhalter zeugte, war für die römischen Familienväter, für die christlichen genauso wie für die heidnischen, etwas Unaussprechbares. Im wahrsten Sinn. Sie hatten dafür kein eigenes Wort. Wohl gab es das Wort »coelebs«, von dem sich unser »zölibatär« ableitet. Aber »coelebs« bedeutete eine unverheiratete Frau. Ein »Fräulein« nach früherem deutschem Sprachgebrauch. Dieses weibisch klingende Wort für einen unverheirateten Mann zu verwenden, war möglich, aber peinlich.

Wenn etwas peinlich ist, weicht man gern auf ein Fremdwort aus. Heute auf französische oder englische Wörter wie zum Beispiel »Single«, damals natürlich auf griechische. Ein Christ, der als Single lebte, war ein »monachus«. Daraus entstand später unser Wort »Mönch«. Doch war das griechische »μόναχος« noch keineswegs sakral und institutionell erstarrt. Noch war dieses griechische Fremdwort – von »μόνος« für »einer allein« – gleichbedeutend mit unserem heutigen englischen Fremdwort »Single«.

Da gab es nun also in Rom die christliche Single-Szene der monachi. Ihnen kam zustatten, dass Kaiser Konstantin zusammen mit seiner Serie von Duldungserlassen für die Christen – dem »Mailänder Edikt« – auch die fiskalische Diskriminierung der Singles als etwas Unchristliches beseitigt hatte. Dennoch blieb die christliche Single-Szene in Rom selbst geduckt. Den patresfamiliarum gewachsen waren die monachi nicht.

Bis einer kam, der sich nicht mehr duckte. Ein römischer Single von solchem Format, dass er heute noch zu den vier ganz großen, klassischen »Kirchenvätern« der christlichen Antike zählt:

Sophronius Eusebius Hieronymus.

Klingt nicht sehr römisch, wie? Klingt verdächtig griechisch. Dabei war der heilige Hieronymus (347–419) nicht einmal Grieche, sondern Dalmatiner. Ein Intellektueller mit Migrationshintergrund. Das lässt Probleme erwarten.

Auf Griechisch, Lateinisch, sogar auf Hebräisch war Hieronymus der größte Gelehrte der christlichen Antike. So hat Albrecht Dürer ihn in Kupfer gestochen: Friedlich studierend »im Gehäuse«. Das Bild ist leider geschönt. Wo immer ihn seine

Gelehrsamkeit hinführte, nach Trier, Konstantinopel, Antiochien, Alexandrien, nach Rom, hatte Hieronymus sofort mit allen, mit Heiden und mit Christen, Streit. Eifersüchtig war er über die Maßen, giftig, zickig, selber wegen jedem Furz beleidigt. Sogar den heiligen Ambrosius, der ihm doch gar nichts zuleide getan hatte, hat er hemmungslos beschimpft.

Wie konnte so einer überhaupt heilig werden? Weil Gott in seiner Barmherzigkeit nicht nur die Menschen mit gutem Charakter liebt, sondern auch die Menschen mit schlechtem Charakter. Ja, diese besonders. Ihnen hat er den heiligen Hieronymus als Patron gegeben. Damit wir nicht verzweifeln, sondern wissen: Auch wir Menschen mit ganz schlechtem Charakter können heilig werden.

Leider hatte Hieronymus noch einen anderen kleinen Charakterfehler, der bei Singles manchmal, wenn auch nur ganz selten, vorkommt: Der heilige Hieronymus war sexuell ein bisschen labil. Um sich zu stabilisieren, zog er sich in die Einsamkeit der Wüste Chalcis zurück. Die Therapie scheint nichts gebracht zu haben. Im Gegenteil. Originalton Hieronymus: »In dieser Gegend, in die ich mich aus Angst vor der Hölle begeben hatte, und wo Skorpione und Raubtiere mich umringten, träumte ich davon, dass Scharen von Jungfrauen mich umringten. Mein Gesicht war von Entzehrung fahl, aber von innen erfüllte den erkälteten Leib die Glut wilder Begierde. In einem Körper, der schon abgehärtet schien, loderten wild die Flammen der Lust.«

Solche Erfahrungen mit sich selber hinderten den heiligen Hieronymus keineswegs, von allen Kanzeln Roms zu predigen, als wäre er die heilige Agnes in Person: Keuschheit, nichts als Keuschheit. Keuschheit nicht etwa nur für die höheren Töchter. Keuschheit für echte Männer. Zölibat für die Römer! Und alle wunderten sich: Wo kommt so etwas her?

Es kam nicht von Jesus. Es kam nicht von Paulus. Es kam von Origenes.

Das war ein linkschristlicher Guru, der zu Beginn des 3. Jahrhunderts barfuß in Alexandrien herumlief und zum »βίος αγγελικός« aufrief. Mit »Bio-Leben der Engel« ist das nicht einmal schlecht übersetzt. Vor einem selekten Publikum von reichen christlichen Damen predigte Origenes einen Mix aus streng vegetarischer Bio-Ernährung, Bio-Kleidung, Keuschheit und Seelenwanderung.

Wie es zu dieser ägyptischen Mutation vom Single-Ideal Jesu und Pauli zum Bio-Keuschheitskult des Origenes kam, ist historisch umstritten. Manche meinen, dass nach Kleopatras berühmten Exzessen (»hundert Männer in einer Nacht«) die alexandrinische Sexwelle einfach umgeschwappt sei in eine Keuschheitswelle, zuerst unter den Juden, dann unter den Christen der Stadt. Der große französische Ägyptologe Émile Amélineau, der selber viele Jahre in Ägypten gelebt hat, behauptet dagegen, es habe einen denkbar banalen Grund, warum das Christentum im 3. Jahrhundert bei den Ägyptern – anders als zuvor bei den Juden und den Griechen – auf die Keuschheit gekommen sei. Im Niltal sei es nach seiner Erfahrung für die sexuelle Selbstbeherrschung viel zu heiß; wem es dennoch gelinge, enthaltsam zu leben, sei dort, nicht nur in der Großstadt, sondern auch auf dem Fellachendorf, ein allgemein bewunderter Held.

Origenes persönlich wurde es zum Verhängnis, dass er viel zu viel über Keuschheit schrieb und deshalb sechs »Schönschreiberinnen« brauchte, Sekretärinnen würden wir heute sagen. Sie müssen sehr schön gewesen sein, die Schönschreiberinnen des Origenes. Mitten im Diktat über die »Keuschheit der Engel« ist Origenes der Versuchung erlegen. Von Verzweiflung übermannt schnitt er sich jenes Glied ab, das ihn so tief zu Fall gebracht hatte. Das wiederum trug ihm eine Verurteilung durch die katholische Kirche ein. Dieser offenkundigen empirischen Niederlage zum Trotz wurde sein »βίος αγγελικός« zum Bio-Hype der späten Antike.

Gegen alle Wahrheit behauptete jetzt aber Hieronymus in Rom, dass er da gar nichts Ägyptisches predige, sondern etwas Ur-Römisches. Der weiseste aller Römer, Seneca, sei auch schon der »Allerkeuscheste« gewesen: »castissimae vitae fuit«.

Die Heiden – davon gab's noch viele in Rom – wanden sich vor Lachen. Die christlichen Familienväter wanden sich vor Peinlichkeit. Die Peinlichkeit steigerte sich zu Ärger. Der Ärger zum Grimm. Der Grimm zum Groll. Der Groll zum lodernden Hass. Nichts anderes hatten die christlichen Familienväter mehr im Sinn, als den heiligen Hieronymus, diesen verdammten Keuschheitsmigranten, samt seinem ganzen ägyptischen Unsinn zum Teufel zu jagen.

Es ist jetzt hohe Zeit, ein gutes Wort für die christlichen Familienväter einzulegen. Wohl hatten sie mit dem heiligen Hieronymus ein religiöses Problem. Aber gibt es im Leben nicht etwas viel Wichtigeres als religiöse Probleme?

Man solle, rät in Brechts »Dreigroschenoper« Bettlerkönig Peachum, stets über ein anderes als das eigene Problem klagen: »Weil einem niemand sein eigenes Elend glaubt.«

Bettlerkönige waren auch die römischen patresfamiliarum. Das war ihr wirkliches Elend. Denn der Preis ihrer enormen Würde war ebenfalls enorm. Immerzu mussten sie zahlen. Zahlen für die ganze familia. Für das verschwenderische Partyleben ihrer Söhne. Für die extravaganten Wünsche ihrer Gattinnen. Für die mordsteuren ägyptischen Bildungsreisen ihrer Töchter. Ein Single wie Hieronymus hatte davon keine Ahnung. Aber musste er deshalb den Familienvätern auch wirklich noch vor dem ganz großen finanziellen Glück stehen?

Schon im »Mailänder Edikt« hatte Kaiser Konstantin der katholischen Kirche die gleichen steuerlichen Privilegien eingeräumt wie den heidnischen Staatsreligionen. Jetzt, im Jahr 381, erhob Kaiser Theodosius die katholische Kirche zur alleinigen steuerfreien Staatsreligion.

Werde katholischer Priester und du wirst steuerfrei! Das ganze Leben lang steuerfrei!

Die Folge, von Kaiser Theodosius nicht bedacht, war ein wilder Oklahoma-Run der römischen Familienväter auf das katholische Priestertum.

Gewiss lebten damals bereits viele christliche Priester, wie zum Beispiel Hieronymus, als monachi, als Singles. Aber einen Pflichtzölibat gab es noch nicht. War nicht auch Petrus, der erste Papst, verheiratet gewesen? Weit verbreitet war immer noch die Meinung, das christliche Priestertum sollte beschaffen sein wie das jüdische: vererbbar vom Vater auf den Sohn. Aus Ephesus schrieb unverfroren Bischof Polykrates an Papst Viktor I nach Rom: »Schließlich waren schon sieben aus meiner Familie Bischöfe. Und ich bin der achte!« Das Priestertum als Familienbetrieb – und das in Ephesus, wo Paulus den Korintherbrief geschrieben hatte. Wie dann erst in Rom!

Dort rissen nach dem theodosianischen Erlass Zustände ein, die selbst Georg Denzler, ein bitterer Feind des Zölibats, so beschreibt: »Die Aussicht auf günstige Versorgung ließ immer mehr auch solche Männer in den Kirchendienst eintreten, die nicht dazu berufen waren, sondern in erster Linie danach trachteten, die eigenen Kinder als Nachfolger im kirchlichen Dienst unterzubringen.«

»Nicht ohne meinen Sohn!«

Priestertum – ganz nach der »Ordnung des Melchisedech« – als immerwährende Familienpfründe, der paterfamilias selber hochangesehen, unkündbar und steuerfrei. Steuerfrei sein Sohn, sein Enkel und alle Enkelsenkel dazu.

Wow!

Für jeden geplagten christlichen Papi eine paradiesische Chance. Doch einer versperrte den Weg ins Steuerparadies, als wäre er Gottes Engel mit dem Schwert:

Sophronius Eusebius Hieronymus.

Mit rotem Kardinalshut hat Rubens ihn gemalt. Kardinal war er nicht, doch Sekretär von Papst Damasus I. Er allein, mit seinem persönlichen Einfluss auf den Papst, mit seinem enormen wissenschaftlichen Prestige, mit seinen ägyptophilen Zölibatspredigten, er konnte den gold rush der christlichen Familienväter auf das Priestertum stoppen. Das, so würde Brechts Bettlerkönig sagen, war das wirkliche Elend der römischen Patriarchen.

Doch sie hatten unverhofftes Glück. Jäh starb am 11. Dezember 384 Papst Damasus, der Beschützer des heiligen Hieronymus. Alsbald gelang es, ein römisches Konzil einzuberufen. Ein wahres Anti-Hieronymus-Konzil. Erwartungsgemäß endete es mit dem feierlichen Beschluss, den heiligen Hieronymus aus der Ewigen Stadt zu verbannen. Die christlichen Familienväter hatten sich durchgesetzt. Die böse Sache hatte gesiegt.

Hatte die böse Sache wirklich gesiegt?

Nicht nur bei Familienvätern verbindet sich manchmal die Frömmigkeit mit dem Sinn fürs Geld. Bei Frauen auch. Wenn eine Römerin heiratete, verlor sie nach römischem Recht die Verfügung über ihr gesamtes Vermögen an ihren Gatten. Trotzdem wollte jede unter die Haube. Unbedingt. Ihr ganzes Geld gab sie gern her, nur um die Schande zu meiden, eine »coelebs«, ein »Fräulein«, zu bleiben.

Jetzt, mit Jesus Christus, war dies anders geworden. Erst recht anders mit Paulus: »Ich möchte, dass alle Menschen unverheiratet wären wie ich« (1. Korinther 7;8).

Die römischen Christinnen empfanden diese Botschaft als Sensation. Als Umwertung aller Werte. Man brauchte also nicht unbedingt einen Mann. Man brauchte nicht zu gebären. Auch unverheiratet war frau ein Mensch, sogar ein besserer. Das Schönste dabei hatte Paulus selber gar nicht bedacht: Nach römischem Recht behielt eine ledige Frau die Verfügung über ihr ganzes Vermögen.

Alsbald bildete sich in den reichsten Kreisen Roms eine staunenswerte Frauenbewegung. Zuerst unter den Witwen. Merkwürdig, wie schnell manche jetzt Witwen wurden. Die heilige Marcella zum Beispiel, die einen steinreichen paterfamilias geheiratet hatte, wurde schon nach sieben Monaten unter ungeklärten Umständen Witwe, hatte sofort ihr eigenes Vermögen wieder und das seine dazu. Jetzt wollte sie, echt paulinisch, echt christlich, Single bleiben. Marcellas Beispiel machte Schule. Der märchenhafte Familienpalast ihres verewigten Gatten auf dem Aventin wandelte sich zweckentfremdet zur Kommandantura einer christlichen Frauenbewegung.

Die Schönste war, so sagen manche, die heilige Melania. Mit zweiundzwanzig wurde auch sie, verwunderlich schnell, Witwe. Als christliche Single verbrachte sie jetzt ihr Leben das halbe Jahr in ihrem römischen Stadtpalast, den Rest des Jahres in ihrer Zweitvilla auf dem Ölberg hinter Jerusalem. Und die heilige Praetextata und die heilige Rufina und die heilige Principia und, ja auch sie – so hieß sie wirklich – die heilige Furia: Eine christliche Frauenbewegung wuchs da heran, mit der die römischen Familienväter nicht im Traum gerechnet hatten.

Etwas kommt uns da bekannt vor. Verblüffend erinnert diese römische Frauenbewegung an die Frauenschar, die sich, einst in Galiläa, Jesus anschloss. In Rom schlossen sie sich dem heiligen Hieronymus an.

Was die Witwen vormachten, machten die Jungfrauen nach. Wohl unternahmen sie noch die obligate Bildungsreise nach Ägypten, die traditionell der Heirat vorausging. Aber dann vermochte kein väterlicher Zorn sie mehr zur Eheschließung zu bewegen. »Papi, der heilige Paulus sagt, dass es besser ist, ledig zu bleiben. Und dem heiligen Paulus wollen wir doch gehorchen, oder nicht, Papi?« So blieb die christliche Jungfrau, von vornherein und lebenslang, souveräne Herrin ihres Erbteils. Brauchte keinem Gatten zu gehorchen und keine Kinder zu gebären.

Drüben in Konstantinopel fiel dem Kirchenvater Johannes Chrysostomus etwas Erfreuliches auf: Die Christinnen, schreibt er, würden immer schöner. Während die frühe Heirat und das viele Gebären bei den heidnischen Frauen allzu schnell »die Jugend zerstören und die Lust abstumpfen«, bewahre die christliche Single ihre jugendliche Frische und Schönheit »noch mit vierzig«. Schreibt der heilige Johannes Chrysostomus. Dabei war er doch selber der hässlichste Mann von Konstantinopel.

In der römischen Frauenbewegung aber war eine, die alle andern übertraf. Vielleicht nicht an Schönheit, aber an Reichtum, an Intelligenz, an Charakter. Aus den Geschlechtern der Scipionen und der Gracchen stammte sie. In dem korrupten und debilen Kaiserreich wird sich in dieser christlichen Frau, so urteilt Montalembert, der Geist der Republik ein letztes Mal verkörpern.

Paula von Rom!

Mit 31 war Paula Roms reichste Witwe geworden. Vier Kinder hatte sie. Die Erfahrung der Ehe zu wiederholen, hatte sie keine Lust. »Aut liberi aut libri« – die Kinder hatte sie schon, jetzt waren die Bücher dran.

Es gibt, es gab auch damals im Alten Rom Männer genug, die sich gern über »diese frustrierten Frauen« lustig machten.

In der Tat gibt es die frustrierte Frau. Die zeitlose Frustration der intelligenten Frau ist der dumme Mann. Zeitlos ist »das andere Geschlecht« auf der Suche nach einem anderen Mann.

Zwischen Paula und Hieronymus wurde es eine Begegnung unter Singles wie zwischen Simone de Beauvoir und Jean-Paul Sartre. Alle seine Charakterfehler sah sie. Dass er sich etwas zu sehr um die Keuschheit ihrer Töchter kümmerte, nahm sie hin. Doch dies war ein Mann, mit dem eine Frau reden, denken, lesen, schreiben konnte. Welche Abwechslung nach der Ehe mit einem paterfamilias!

Selbstverständlich las sie das Neue Testament im griechischen Original. Jetzt aber interessierte sie das Alte Testament im Original. Mit Hieronymus zusammen stürzte sich Paula in die Erlernung des Hebräischen. Es wird bezeugt, dass sie es zum Schluss »perfekt beherrschte«.

Von Hieronymus stammt die Vulgata, anderthalb Jahrtausende lang die kirchenoffizielle lateinische Übersetzung der Bibel aus dem griechischen und dem hebräischen Original. Wie groß Paulas Anteil daran war, lässt sich nicht mehr genau ermitteln. Doch er muss beträchtlich gewesen sein.

Eines durfte Paula nicht. Als Frau durfte sie im Rom der Patriarchen kein Wort öffentlich äußern. Selbstverständlich durfte auch keine Frau an jenem Konzil teilnehmen, das den heiligen Hieronymus aus Rom verjagte. Die Familienväter triumphierten. Jetzt konnte niemand ihnen und ihren Söhnen das steuerfreie katholische Priestertum mehr nehmen.

Niemand? Mit Paulas Reaktion hatten die Familienväter im Leben nicht gerechnet. Doch es war die Reaktion einer Scipionin: Dieses nicht! Das Priestertum Jesu Christi als Pfründe für feiste und korrupte Papis? Als Familien-Erbstück? Dieses niemals!

Zuerst musste sie den heiligen Hieronymus wieder aufbauen. Tief beleidigt, tief verstört saß dieser schon immer etwas labile Intellektuelle im Exil in Bethlehem. Sie fuhr hin und baute ihn wieder auf.

Vor allen Dingen finanzierte sie ihn. Und machte aus ihm so etwas wie den ersten erfolgreichen Blogger der europäischen Geistesgeschichte. Bloggen hieß damals Traktate versenden. In einer Zeit ohne Buchdruck und mit seltener Post war das teuer. Aber Geld spielte für die heilige Paula keine Rolle. Allenfalls musste sie, um Hieronymus zu finanzieren, ein paar ihrer riesigen Latifundien in Spanien oder auf Sizilien verkaufen. Es kümmerte sie nicht. Von Paula gesponsert, von Paula inspiriert, von Paula gemanagt, bebloggte Hieronymus das ganze Römische Reich mit Traktaten für den Zölibat. Bis den Familienvätern daheim in Rom Hören und Sehen verging.

Als Hieronymus am 30. September 419 in Bethlehem starb, war der priesterliche Zölibat noch lange nicht Institution der katholischen Kirche. Aber es gibt auch in der Religion so etwas wie öffentliche Meinung. In dieser öffentlichen Meinung war der römische Streit jetzt entschieden. Genauso wie die öffentliche religiöse Meinung im 21. Jahrhundert für die Abschaffung des Zölibats sein wird, genauso eindeutig war sie jetzt, im 5., für seine Einführung.

Wenn man einen so großen, aber doch auch schon so weit von uns entfernten Autor wie Hieronymus liest, begeht man leicht den Fehler, das Interessanteste unbedacht zu überlesen. Immerzu klagt er in seinen Traktaten und Briefen, das Christentum sei alt und schwach geworden, im Glauben lau und in der Liebe erkaltet. So etwas im 4. Jahrhundert! Der Leser des 21. Jahrhunderts hält das für intellektuelles Gejammer. Und er liest darüber hinweg.

Wie aber, wenn Hieronymus recht gehabt hätte?

Dreieinhalb Jahrhunderte waren seit der Kreuzigung vergangen.

Das sind nicht 20 Jahrhunderte. Aber dreieinhalb Jahrhunderte sind auch schon eine lange Zeit. Vergleicht man die römische Bewegung um Paula und Hieronymus mit der jüdischen Bewegung um Jesus und mit der griechischen Bewegung um Paulus, so ist um sie bereits etwas Ältliches. Zölibat mag viel zu tun haben mit der Revolution Jesu und mit der Freiheit Pauli. Aber das Gleiche ist es nicht. Besser gesagt: Es ist das Gleiche, aber eng und ältlich geworden. Altjüngferlich und von mädchenhafter Magersucht zugleich. Ein Gschmäckli von heiliger Agnes wird fortan sein um den römisch-katholischen Zölibat. Es gibt bessere Parfums.

Und doch. Man stelle sich vor, die Familienväter hätten damals in Rom gesiegt. Was wäre geworden aus der Stiftung Jesu Christi? Eine Religion von Ajatollahs wären wir. Auf dem Stuhl Petri säße ein christlicher Mullah. Quod Deus avertat.

Einmal noch hat ein Familienvater in Rom ums Haar gesiegt. Das war im 15. Jahrhundert. Den Zölibat hat er nur deshalb nicht formell abgeschafft, weil er dachte, diese alte Marotte würde sich unter der Herrschaft seiner Familie ganz von selber erledigen.

Rodrigo Borgia, Papst Alexander VI.

Nein, er war nicht jener hemmungslose, verkommene Lüstling mit den vierzig Huren im Vatikan, von denen die antiklerikale Propaganda phantasiert. Frauen hat er nicht mehr gehabt als Mohammed. Seinen Kindern war er ein liebender Vater. Er war sogar, alles in allem, ein guter Papst.

Und doch. Familie Borgia in alle Ewigkeit auf dem Stuhl der Päpste in Rom? Noch so eine Familie Borgia auf einem vererbbaren erzbischöflichen Stuhl in Köln? Und eine nette kleine

Borgia-Familie für immer eingenistet im Pfarrhaus von Köln-Zollstock? Wollt ihr das?

Heiliger Paulus von Tarsus, du Sieger über die Heilige Familie zu Jerusalem, und du, heilige Paula von Rom, du Siegerin über die römischen Familienväter, ihr himmlischen Patrone der christlichen Singles, bittet beide für uns!

3. Kapitel

Ein Single bleibt selten allein: Christen in der Wüste

Fast hätte es mich das Leben gekostet. Aber ich wollte nach Qeman. Um jeden Preis wollte ich das ägyptische Dorf sehen, aus dem er gekommen ist, der verwegenste Single der christlichen Antike:

Antonius der Große!

Lange hatte ich in Kairo auf einen koptischen Freund eingeredet. Immer wieder hatte er abgelehnt: »Viel zu gefährlich!« Endlich hatte er nachgegeben. Abseits vom großen Verkehr, auf der »Landwirtschaftsstraße«, fuhren wir am westlichen Ufer des Nils, immer dem Strom entlang, gut neunzig Kilometer nach Süden. Seitwärts dann, durch die Reisfelder, bogen wir eine kurze Strecke ab auf einen unbefestigten Damm. Dort ließen wir den Wagen stehen. Zu Fuß, über eine schmale Steinbrücke, gingen wir hinein in das Dorf, in dem Antonius von Ägypten im Jahr 251 geboren ist.

Vor uns, mitten durch das Dorf, sichtbar bis ans Ende, eine Straße so breit fast wie ein großstädtischer Boulevard. Und auf der Straße ein archaisches Gewühl. Ein Spektakel nicht aus unserer Gegenwart, auch nicht aus der Zeit des Antonius, sondern älter noch, wie aus dem Alten Testament: Esel, Büffel, Hühner,

Gänse, Ziegen, alte und junge Leute, Kinder ohne Zahl. Und Fahrräder. Wenn es zu Noahs Zeit Fahrräder gegeben hat, dann ist dieses Dorf die perfekte Arche Noah.

Langsam, so unauffällig wie möglich, schoben wir uns durch das Gewühl von Menschen und Tieren vor. Schon waren wir in der Mitte des Dorfes angelangt, als meinen Begleiter jäh die Panik packte: »Hast du die jungen Männer da drüben gesehen? Wie die uns anstarren? Wenn die jetzt kommen und fragen, was wir hier tun? Zurück! Wir müssen sofort weg.«

Als wir wieder draußen im Wagen saßen, sah ich erst, dass mein ägyptischer Freund am ganzen Leib zitterte: »Nie hätten wir das tun dürfen!« Und dann: »Man darf in ein solches Dorf nicht einfach hineingehen, es sei denn, man hat dort Verwandte. Oder man ist eingeladen. Jedenfalls besucht man jemanden, der einen erwartet. Aber wir? Wenn die gekommen wären und gefragt hätten, zu wem wir wollen, was hätte ich da sagen sollen? Und wenn die erst gemerkt hätten, dass wir Christen sind. Erschlagen hätten sie uns!«

Die Familie haben wir bereits kennengelernt als die Urform menschlicher Verklumpung, die Nation als ihre höchstverklumpte Steigerung. Doch zwischen beiden, auf halbem Weg, begegnet uns jetzt eine weitere, besonders beklemmende Form archaischer Verklumpung: das Dorf. Nichts anderes ist das Dorf als die älteste Verklumpung mehrerer Großfamilien. Du aber, Qeman im Bezirk Beni Suef, bist nicht das geringste unter den Dörfern Ägyptens. Du bist das totale Dorf. Du bist die total geschlossene Gesellschaft, aus der Antonius im Alter von vierundzwanzig Jahren ausgebrochen ist. Was hatte der junge Ägypter im Sinn?

Die Nachfolge Jesu Christi!

Eben erst hatten christliche Wanderprediger das Evangelium den Nil hinauf in die ägyptischen Dörfer gebracht. Der junge

Antonius war Christ in zweiter Generation. Aber die Bibel lesen konnte er nicht. Griechisch, die Handels- und Bildungssprache Ägyptens, hat der Fellache nie gelernt, auch in seiner eigenen Sprache, auf Koptisch, hat er nie, auch später nicht, lesen und schreiben gelernt. Das Christentum des Analphabeten Antonius bestand darin, wenige Sätze des Evangeliums auswendig zu lernen und sie sich immer wieder herzusagen:

Lukas 14. Kapitel, Vers 33: »Wenn nicht jeder von euch alles aufgibt, was er hat, so kann er nicht mein Jünger sein.«

»Alles aufgeben.« Um diesen Kernsatz Jesu Christi zu verstehen, brauchte Antonius keinerlei »exegetische« Erläuterung. Sein Dorf war sein alles. Und wenn Jesus hinzufügt, es gehe nicht nur darum, Brüder und Schwester, Eltern, Ehefrau und Kinder, sondern auch »Äcker« zu verlassen (Matthäus 19;29), so war auch dieser Satz für Antonius fraglos klar. 300 Aruren, etwa 80 Hektar bestes Land hatte er von seinen früh verstorbenen Eltern geerbt. Die durchschnittliche Größe eines Hofes lag bei 50 Aruren. Der junge Mann Antonius war einer der Großbauern seines Dorfes.

»Alles aufgeben« hieß ausbrechen aus diesem Dorf. Frage nur, wohin?

Einmal habe ich den alten Schalom Ben-Chorin in Jerusalem gefragt, wo ich hinmüsse, in welche Landschaft, um die Gegenwart Jesu Christi sinnenhaft zu verspüren. »Galiläa«, antwortete er ohne Zögern, »nur Galiläa.« O, die sanften Ufer des Sees von Genezareth. O, die wunderschönen Wanderungen durch die Hügel Galiläas, wenn die Mandelbäume blühen. Auf einem dieser Hügel hat er die »Bergpredigt« gehalten. Das war die Landschaft, die Jesus umfing, als er ausbrach aus Nazareth.

Jetzt, aus dem fahrenden Wagen schon, ein letzter Blick zurück nach Qeman. Wie zur Zeit von Antonius ist das gesamte Dorf heute noch von einer festen Mauer schützend umschlossen. Darum herum die Reisfelder, Palmenhaine auch. Dahinter aber, im Westen durch die Palmen hell schimmernd, nichts mehr als die grenzenlose, menschenfeindliche Wüste.

Aus Nazareth ausbrechen, hinaus in die lieblichen Hügel Galiläas, war zumindest physisch für einen jungen Mann leicht. Ausziehen aus Qeman war ein Abenteuer von tödlicher Gefahr.

Ägypten ist das gelobte Land der Archäologen. Selbst um einen so verlorenen Flecken wie Qeman herum haben sie gegraben. Was sie dort gefunden haben? Wenig und doch viel. Aus der Zeit des Antonius und älter noch liegen in den Sanddünen hinter Qeman unzählige Amulette. Etwas anderes nicht. Nur diese Amulette, welche die Bäuerinnen und Bauern von Qeman alle trugen, um sich zu schützen vor den Angriffen der Dämonen, die, aus der Wüste hereinbrechend, ihr Dorf tödlich bedrohten.

Außer den Dämonen hausten dort nur Räuberbanden und Todgeweihte auf der Flucht vor dem Henker. Manchmal auch Verfolgte, zum Beispiel Christen während der Verfolgung des Decius. Dort bleiben wollte keiner. Sobald als irgend möglich, kehrten auch die verfolgten Christen aus der todbringenden Wüste zurück ins Leben am Nil. Dort versuchten sie die Nachfolge Jesu Christi. Warum hat sich Antonius nicht damit begnügt?

Die großen protestantischen Historiker, ein Adolf von Harnack, ein Karl Heussi, sind beide zum gleichen Schluss gekommen: Das Evangelium des jungen Antonius kam nicht aus Galiläa, sondern aus Alexandrien. Aus der Metropole am Mittelmeer hatte sich die neue Religion langsam in die Dörfer am Nil verbreitet. Aus Alexandrien kam alles Neue. Diese Stadt war die kulturelle Metropole der mediterranen Welt. Wie in Konstantinopel und in Rom, ja deutlich früher schon, gab es in Alexandrien, in dieser griechisch geprägten Großstadt, eine blühende Szene von μόναχοι, von christlichen Singles. Männer wie Origenes, Frauen auch, Frauen vor allem aus den besten Kreisen. Schwierigkeiten, ein individuelles Leben zu führen, hatten sie in der Großstadt nicht. Schon gar nicht in ihren eigenen gehobenen Kreisen. In den weitläufigen Stadthäusern ihrer Familien konnten sie sich ohne Weiteres zurückziehen in ihre persönlichen Gemächer.

Antonius konnte das nicht. In Qeman, urteilt Karl Heussi, sei ein auch nur im Ansatz individuelles Leben physisch unmöglich gewesen: »wegen der Wohnverhältnisse der ägyptischen Dörfer«.

Heute gibt es in Qeman Häuser mit zwei oder drei Zimmern. Damals nicht. Männer, Frauen, Kinder, Ochs, Schaf, Ziegen, Katz und Hund: Wie im Stall von Bethlehem lebte die ganze Großfamilie zusammen in einem einzigen großen Raum. In immerwährendem Gerangel und Lärm. In jeglicher Promiskuität. Wer hier auf den Gedanken kam, ein eigenes, ein individuelles und persönliches Leben zu führen, dem blieb in der Tat nur eine Wahl: Er musste alles verlassen. Aus dem ganzen Dorf musste er weg. Wie Moses musste er hinaus in die Wüste.

Exodus aus Qeman!

Zuerst, heißt es, habe Antonius den übermenschlichen Mut dazu nicht gefunden. In einem Schuppen hinten im Hof der Familie habe er versucht, für sich allein zu leben. Doch die alltägliche Belästigung durch eine Umwelt, die das Bedürfnis, allein zu sein, überhaupt nicht verstehen konnte, war auch da unerträglich. Danach habe Antonius einen andern Christen in einem nahen Dorf gefragt, ob er bereit sei, mit ihm zusammen alles zu verlassen und gemeinsam hinauszuziehen in die Wüste. Die Antwort war schroff abweisend: »Für so etwas gibt es keine Tradition.«

Im Jahr 275 – im Alter von 24 Jahren – tat der junge Antonius das, wofür es keine Tradition gab. Allein zog er hinaus ins Reich des Todes: »εις μάκραν ἐρεμον – in die große Wüste«.

Ein historischer Augenblick. Qeman, das totale Dorf, hatte aus sich selber das totale Gegenteil hervorgebracht. Der totale Single ist der Eremit.

Fest steht, dass Antonius umsichtiger vorgegangen ist, als es auf den ersten Blick scheint. »Ad sepulcra secessit«, präzisiert Hieronymus, »er zog hinaus zu den Gräbern.« Das war durchaus noch nicht die »große Wüste«. Wie alle andern Dörfer im Niltal begruben auch die Qemaner ihre Toten an der Grenze zwischen dem fruchtbaren Land und der Wüste. Genau so weit nämlich durften die Lebendigen sich hinauswagen, um ihre Toten zu bestatten, ohne in die tödliche Gewalt der Dämonen zu geraten. Genau von dort aus aber konnten auch die Bestatteten ihre lange Reise antreten hinaus ins Reich des Todes.

Auch waren jene altägyptischen »Gräber« etwas ganz anderes als unsere Erdgräber heute. Zumindest für begüterte Verstorbene war es Brauch, ein so genanntes Hypogäum in den Felsen zu hauen, ein geräumiges Zimmer, so hoch, dass ein antiker Mensch darin stehen konnte. Eine Quelle war auch vorhanden bei den Gräbern vor Qeman. Überdies hatte sich Antonius ausgiebig versorgt mit jenen trockenen Fladenbroten, die noch jetzt in den koptischen Klöstern Ägyptens die Grundnahrung sind. Getrocknet halten sie ein halbes Jahr. Schließlich hatte ihm ein Freund zugesagt, regelmässig nach ihm zu schauen und neue Brote zu bringen.

Das war, ein paar Kilometer nur hinter Qeman, die »erste Einsiedelei« des Antonius. Kein Ort furchtbarer Entsagung. Dies war, wenn auch in einem heidnischen Felsengrab, ganz einfach ein eigenes Zimmer, wie es in der christlichen Single-Szene Alexandriens selbstverständlich war. Statistisch war es der erste – und wohl bis heute auch der letzte – Einpersonen-Haushalt der Gemeinde Qeman. Alles spricht dafür, dass der Single Antonius dort komfortabler gelebt hat als seine verlassene Großfamilie daheim in ihrem kollektiven Stall. Wie ein echter μόναχος, ein wohlsituierter christlicher Single in Alexandrien, konnte er jetzt die Tür hinter sich zumachen und war – unerhörter Luxus! – allein.

Wie lange?

»Antonius ist weg! Draußen bei den Gräbern lebt er ganz allein!« Als diese Sensation sich herumgesprochen hatte, geriet die Bevölkerung von Qeman in die Erregung eines ausschwärmenden Bienenvolkes. Auf Eselsrücken die einen, die meisten zu Fuß, atemlos alle, machten sie sich auf hinaus »zu den Gräbern«, um mit eigenen Augen das Unfassbare zu erfassen: einen Menschen, der als Single lebt. Durch alle Ritzen und Spalten des Felsengrabes starrten sie hinein in die unvorstellbare Einsamkeit ihres flüchtigen Dorfgenossen Antonius.

Was sie sahen, ist ein Jahrtausend später zum klassischen Thema der europäischen Malerei geworden: »Die Versuchungen des heiligen Antonius«. Worin könnten sie bestanden haben? Karlheinz Deschner, seiner eigenen Homepage zufolge »bedeutender Kirchen- und Religionskritiker«, war dabei. Was hat er gesehen? Siehe, er sah den einsamen jungen Mann Antonius in wahnwitziger sexueller Erregung, »umgeben von ganzen Legionen nackter Frauen«, und zwar, so sah es Karlheinz Deschner ganz genau, von »Frauen in jeder Stellung«.

Von allen diesen phantastischen Stellungen aus Karlheinz Deschners bedeutender Phantasie dürften die Fellachinnen und Fellachen von Qeman, in ihrer antiken Naivität, noch kaum etwas gewusst haben. Jedenfalls glaubten sie, die Augenzeugen, etwas anderes zu sehen. Ungleich besser als ein Karlheinz Deschner haben das ein Hieronymus Bosch, ein Matthias Grünewald, ein Tintoretto nachempfunden: In seinem Wüstengrab kämpft Antonius den Riesenkampf mit den Dämonen.

Die alten heidnischen Dämonen Ägyptens!

Auf tritt zuerst, in der Tat, der Dämon der Sexualität. In Gestalt einer jungen Frau schmiegt er sich an den einsamen Antonius, greift ihm an die Lenden und »kitzelt ihn mit Wolllust so, dass die Zeugen den Kampf sehen konnten«. Sie lachten nur, die Augenzeugen. Die Fellachen von Qeman wussten noch, was Karlheinz Deschner nicht weiß: Von allen Dämonen Ägyptens war der Dämon der Sexualität der schwächste. Schaut dort, wie er sich duckt und flieht!

Jetzt aber, vor den Augen und Ohren des entgeisterten Dorfes, greifen die wahren Dämonen Antonius an. Es sind alles Dämonen der physischen, brutalen Gewalt. Mörderisch »wie eine Rotte von Räubern«, alle mit den Tiermasken aus dem Totengericht des Osiris, stürzen sie sich auf den jungen Christen. Tierisches Geheul, Gebrüll und Geklirr erfüllt die Lüfte über dem entsetzten Publikum rund um die Einsiedelei.

Wie lange das Spektakel gedauert hat? Mit dem jähen Ende hatten keine Qemanerin und kein Qemaner gerechnet: Lässig, als wäre ja eigentlich gar nichts los, tritt Antonius hervor aus seinem Felsengrab.

»Als sie ihn jetzt sahen«, berichtet Athanasius von Alexandrien, »staunten sie. Denn sie sahen, dass seine körperliche Verfassung nicht anders war als zuvor. Keineswegs war er dick geworden, wie einer, dem Bewegung fehlt, noch war er durch das Fasten oder durch den Kampf gegen die Dämonen abgezehrt. Nein, er sah aus, wie sie ihn gekannt hatten, bevor er aus dem Dorf weggezogen war. Auch sein seelischer Zustand war unbeeinträchtigt, weder vergrämt war er noch ausgelassen, weder niedergeschlagen noch krampfhaft lustig. Als er die Menge sah, beeindruckte ihn das überhaupt nicht. Es bereitete ihm auch keine besondere Genugtuung, dass ihm so viele Leute zujubelten. Im Gegenteil, er blieb ganz er selber, wie ein Mensch, den der Verstand regiert und der im Einklang lebt mit der Natur.«

War der Single Antonius ungleich stärker als sein hysterisches Dorf »vom Verstand regiert«? War er gar draußen in seiner Einsiedelei, abseits vom Dunst und vom Gestank seines Dorfes, als Single zurückgekehrt zu einem ursprünglichen Leben im »Einklang mit der Natur«? Mit einem Wort: Lebt der Single nicht nur medizinisch, psychologisch, sozial und religiös, sondern auch ökologisch gesünder?

Das ist eine Frage, der wir uns heute, im 21. Jahrhundert, stellen müssen. Die Qemanerinnen und Qemaner aber haben im 3. Jahrhundert gelebt. Sie reagierten völlig anders. »Zugejubelt« haben sie Antonius, als er lebendig hervortrat aus seinem Felsengrab.

Unser Held Antonius!

In einer geschlossenen Gesellschaft gibt es für den Außenseiter meist nur zwei Rollen: Entweder ist er, wie Jesus in den Augen seiner Familie, verrückt – oder er ist böse. In seltenen Fällen jedoch kann er zum Helden mutieren. Vom Dorfhelden zum Nationalhelden ist nur ein Schritt.

Kein Tourist denkt heute noch daran, Qeman zu besuchen. Es ist ihm auch nicht anzuraten. Jetzt aber, in den Siebzigerjahren des 3. Jahrhunderts, erlebte Qeman einen touristischen Boom sondergleichen. Vielleicht die einzige Blüte überhaupt in der wirtschaftlichen Geschichte dieses namenlosen Fellachendorfes. Nilauf, nilab, aus allen Dörfern Ägyptens, strömten die Fellachinnen und Fellachen, die christlichen und die unchristlichen Familien alle mit Kind und Kegel herbei, um ihn da draußen in seinem Felsengrab zu bewundern: Ägyptens neuen Helden, den großen Sieger über die Dämonen!

Bis dann, im Jahr 285, der ganze Phantasialand-Betrieb bei Qeman von einem Tag auf den andern zusammenbrach. Antonius war es zu viel geworden. Spurlos ist er aus seinem Felsengrab verschwunden.

Wo musste Ägyptens erster Single hin, um endlich unbehelligt allein zu sein?

In tiefer Nacht hatte sich Antonius von seinem Freund über den Nil setzen lassen. Da hinüber, über den Strom, würde ihm sein Dorf niemals folgen. Um ganz sicher zu sein, wanderte er bei Pispir weit hinauf in Ägyptens östliche Wüstenberge. Dort, in einer verlassenen Räuberburg, gründete er seine »zweite Einsiedelei«. Endlich war Antonius allein.

In dieser zweiten Einsiedelei hinter Pispir hat zwei Jahrzehnte später Athanasius von Alexandrien, sein Biograph, Antonius zum ersten Mal besucht. Der Alexandriner kam aus dem Staunen nicht heraus. Einen Einsiedler draußen in der Wüste hatte er sich einsam vorgestellt. Doch was traf er an?

Rund um die Einsiedelei des Antonius waren, in Höhlen und Hütten, weit verstreut in die Wüstenberge, gut viertausend weitere Einsiedeleien entstanden. Lauter Männer, meist gar nicht junge, sondern gestandene Männer, die alle aus ihren Familien, aus ihren Dörfern am Nil geflohen waren, angezogen von der sagenhaften neuen Lebensform, die Antonius, der heldenhafte Pionier, als Erster gewagt hatte. Ausdrücklich gebraucht Athanasius dafür das Wort πόλις, Stadt. Eine Stadt ist das Gegenteil von einem Dorf. Eine Stadt von Singles mitten in der Wüste! Was Athanasius am meisten beeindruckte in dieser familienfreien Stadt, war die gute Laune. Und mittendrin, in seiner Räuberburg, er selbst in allerbester Laune, von allen als großer Pionier verehrt, Antonius der Große!

Unversehens sind wir angelangt bei einem zweiten klassischen Thema der europäischen – hauptsächlich der toskanischen – Malerei: »Die Wüstenväter in der Thebais«. Gewiss lag Theben, das heutige Luxor, sehr viel weiter südlich als die Wüstenstadt um Antonius. Aber solche Begriffe wurden nun einmal in der Weltstadt Alexandrien geprägt, und dort fand man, alles, was im Irgendwo nilaufwärts liege, sei wohl irgendwie schon Theben. Was ist zu sehen auf jenem Meisterwerk von Fra Angelico, das »La Tebaide« schildert, das Leben der Einsiedler um Antonius?

Einsiedler zusammen meditierend im sanften Zephir unter schattigen Palmen. Einsiedler fleißig bei der Arbeit in blühenden Gärten. Einsiedler beim einträchtigen Begraben eines verstorbenen Bruders. Einsiedler bei der liebevollen Zähmung wilder Bestien aus der Wüste. Einsiedler bei der erbaulichen Belehrung andächtiger Besucher. Eine Überfülle von Szenen. Vor allen Dingen eine Überfülle von Einsiedeleien. Je weiter der Betrachter sich in das Bild hinein verguckt, desto mehr entdeckt er, zwischen allen Klüften, Tälern und Hügeln, immer neue Klausen. Immer mehr Einsiedler.

Nur eines ist nicht zu sehen: Einen einsamen Einsiedler gibt es offenkundig nicht. Zwischen all den antonianischen Einsiedeleien ist es ein unablässiges Kommen, Begrüßen und Berichten. Eine Stimmung glücklicher, friedlicher Geselligkeit liegt über Fra Angelicos Bild wie über vielen vergleichbaren Fresken anderer italienischer Maler. »La Tebaide«, die Stadt der Singles in der Wüste, ist das wiedergefundene Paradies.

Phantasialand schon wieder?

Nein. Wohl wissen wir nicht gründlich genug Bescheid über jene Einsiedlerkolonie um Antonius. Dafür lag die Wüste bei Pispir, für antike Verhältnisse jedenfalls, zu weit von Alexandrien entfernt. Auch waren die von fern angereisten Besucher so fasziniert von der überragenden Gestalt des Antonius, dass sie den vielen, die ihm in die Wüste gefolgt waren, zu wenig Aufmerksamkeit schenkten. Das ist aber nicht so schlimm, wie es scheint. Von Alexandrien bis Theben entstanden nämlich, zeitlich nur gering verschoben, draußen in anderen Wüsten Äyptens, westlich vom Nil hauptsächlich, ähnlich große Kolonien von Singles. Eine davon aber lag so nahe bei Alexandrien, dass über sie alle wünschbaren Informationen überliefert sind.

Das waren die monachi der Nitrischen Wüste. Griechische und römische Reiseschriftsteller, vor allem aber die vielen Beobachter und Einsiedler auf Zeit aus Alexandrien, welche hier leicht Zugang fanden, vermitteln übereinstimmend jenen Eindruck, den Athanasius selber bei Pispir gewonnen hat, und den ein Fra Angelico, ein Paolo Uccello in ihren Bildern festhalten werden: Vielleicht nicht allzu lange, aber doch zwei oder drei Generationen lang, hat auch hier, unter den Singles in der Wüste Nitriens, jene Stimmung neu gewonnener, glücklicher Geselligkeit geherrscht wie bei Pispir um Antonius.

Das Erste freilich, was alle Besucher in der Nitrischen Wüste in Staunen versetzte, war auch hier die überaus große Zahl der Einsiedeleien. Der römische Schriftsteller Rufin von Aquileja schätzt sie im Jahr 373 auf dreitausend, der Grieche Palladius etwas später auf fünftausend. Blickt man von der heutigen Autobahn-Raststätte auf halber Strecke zwischen Kairo und Alexandrien nach Südwesten, so hat sich damals die Streusiedlung in einem Radius von über hundert Kilometern ausgedehnt bis in die »Große Wüste« hinaus. Möglich wurde das durch die zahlreichen Quellen, die das Grundwasser hier – das Gebiet liegt tief, zum Teil unter dem Meeresspiegel – schon damals hervortrieb.

In die »Große Wüste« hinaus zogen nur die Verwegensten. Etwas näher bei den Dörfern des Deltas, bei den »Drei Palmen« – da, wo heute das koptische Kloster Deir al-Baramus steht –, verdichteten sich die Siedlungen der monachi von Tag zu Tag so, dass Bauvorschriften nötig wurden. Rufin von Aquileja berichtet jedenfalls, dass kein Neuer mehr eine Baulücke beziehen dürfe, die nicht mindestens so weit von bereits bestehenden Einsiedeleien entfernt war, dass er Gespräche, die dort geführt wurden, nicht verstehen konnte.

Ganz falsch wäre dennoch die Annahme, dass da einfach ein Möchtegern-Single nach dem andern, aufs Geratewohl eine Baulücke suchend, in die Nitrische Wüste gelaufen kam und sich dort niederließ. Von Anfang an galt eine Regel, die mit großer Wahrscheinlichkeit auf Antonius selber zurückgeht. Von ihm ist die Warnung überliefert, dass er manchen erlebt habe, der auf eigene Faust in der Wüste zu leben versuchte. »Verrückt geworden« seien die einen, die andern »körperlich zugrunde gegangen«. Deshalb brauche jeder, der diese Lebensart versuche, unbedingt einen »abba«. Einen Alten, an den er sich halten konnte. Einen Lehrmeister in der Kunst, ohne Familie zu leben.

Die Frage drängt sich auf, wie denn Antonius selber, ohne abba, allein in der Wüste zurechtgekommen ist. Athanasius von Alexandrien antwortet darauf mit einer verblüffenden Wortschöpfung: »Theodidakt« sei Antonius gewesen, »bei Gott in der Lehre«. Sein abba war Gott selbst – wie der abba Jesu Christi.

Nicht einfach atomistisch gestreut war die weite Wüstenkolonie hinter Alexandrien, sondern klar strukturiert: Alle lebten dort in Gruppen um einen abba. Wohl gab es den einen oder andern abba, der nur einen Jünger hatte, die meisten aber hatten eine größere Zahl. Hunderte von Jüngern gar waren in der Wüste Nitriens um den alten Poimen geschart. Der enorme Andrang von Singles der zweiten Generation machte es nämlich sehr schwierig, unter den wenigen Pionieren einen abba zu finden, der noch einen Neuling annahm. Und der gute alte Poimen war der Einzige, der einfach jeden nahm.

»Abba« ist ein uraltes Wort, das gleiche im Koptischen wie im Hebräischen. Es heißt »Alter«, »Vater«. Haben also die Einsiedler draußen in der Wüste die patriarchalische Struktur der dörflichen Großfamilien, aus denen sie geflohen waren, geradezu karikatural nachgeäfft?

Nein. Mochte er »Vater« genannt werden, der abba in der Wüste war das revolutionäre Gegenteil eines Familienvaters. Dies nämlich war die wichtigste Lebensregel für einen abba: Auf keinen Fall durfte er seinen Jüngern Befehle erteilen. Nicht einmal ansprechen durfte er sie von sich aus. Nichts anderes sollte der Alte für die Jungen sein als ein schweigendes Beispiel gekonnter Lebensführung in der Wüste.

In den »Apophthegmata Patrum«, der frühen Sammlung von Geschichten aus der Nitrischen Wüste, finden sich viele Schilderungen dieses ganz ungewöhnlichen Verhältnisses zwischen Alten und Jungen. Etwa von den »zwei jungen Ausländern«, Griechen vermutlich, die sich kühn in den Kopf gesetzt hatten, Makarius den Großen zum abba zu nehmen. Lange mussten sie ihn suchen. Um ähnlichen Belästigungen zu entgehen, wie Antonius sie erlebt hatte, wechselte Makarius immerzu zwischen vier Einsiedeleien. Endlich fanden sie ihn und warfen sich ihm zu Füßen: »Bei dir wollen wir bleiben!«

Nicht ja und nicht nein sagte Makarius. Nur eines tat er: Wortlos zeigte der alte Ägypter den beiden jungen Griechen, wie er lebte. Wortlos drei Jahre lang.

Allererste Frage: Wie baut man sich eigentlich als Jung-Einsiedler – falls noch Platz vorhanden – eine eigene Einsiedelei?

Steine klopfen!

Höhlen wie in den antonianischen Wüstenbergen gab es in der Nitrischen Wüste wenige. Sie waren auch längst alle besetzt. Also Hütten bauen. Kleine Hütten waren das, manche viereckig, manche rund, nicht unähnlich den Unterständen, die sich bei uns die Weinbauern früher in die Rebhänge setzten. Im Bau solcher kleinen Hütten, sei es aus Lehm oder aus Backsteinen, waren junge Bauern aus den Fellachendörfern so geübt, dass, so wird ausdrücklich berichtet, mancherorts in der Wüste alle vierundzwanzig Stunden eine neue Einsiedelei fix und fertig dastand.

Der alte Makarius aber war fürs Solide. Also Steine klopfen. Lange Wochen. Jeden Tag neu.

Um Steine zu klopfen, darf man nicht so angezogen sein wie ein junger Grieche aus der Großstadt. Der alte Makarius nahm seinen neuen Jüngern ihre »üppigen Gewänder« weg und steckte sie in das »schema« der Einsiedler. »Schema« heißt in diesem Falle »Tracht« und war nichts anderes als ein ägyptisches Hirtengewand: ein langes grobes Hemd mit Kapuze und Gürtel, dazu noch, nicht für den Tag, wohl aber für die frostigen Wüstennächte, ein Schafsfell über die Schultern. Und jetzt an die Arbeit, Jungs. Steine klopfen!

Wer in der Wüste Steine klopft, braucht zwischendurch eine Stärkung. Bei den meisten abbas gab es die ganz normale Mahlzeit ägyptischer Fellachen: zwei Fladenbrote am Tag. Beim alten Makarius hatten es die beiden Griechen etwas reichlicher: Täglich gab es da »etwas Brei und drei Fladen Brot«. Schweigend reichte der abba dazu seinen Jüngern einen Becher Wasser. Einen für alle drei.

Wo bleiben da die Vitamine?

Von Makarius wird es nicht berichtet, wohl aber von den meisten andern Einsiedlern, auch von Antonius selber: Dass sie sich neben ihrer Hütte sehr schnell einen Garten angelegt haben. Singles sind ökobewusst! Singles sind grün! Kopfsalat und Endivien galten als die eigentlichen Leckerbissen aus dem eigenen Garten der Wüstenväter. Gewürzkräuter liebten sie auch. Linsen und Erbsen zogen sie in den verschiedensten Sorten. Wie so viele Christen der Antike waren die Einsiedler Ägyptens selbstverständlich Vegetarier.

Und die Religion?

Schließlich ging es den Wüstenvätern um die Nachfolge Jesu Christi. Schließlich war Antonius von Ägypten bis ins hohe Mittelalter – bis ihn Antonius von Padua dank der Namensgleichheit verdrängte – der populärste christliche Heilige. Was die beiden vornehmen jungen Griechen angeht, so waren sie bestimmt nicht in die Nitrische Wüste gekommen, um dort in glühender Hitze nur über Steine, Salzkrusten und Schlangen zu stolpern. Mystik hatten sie im Sinn. Spirituelle Erlebnisse haben sie gesucht. Wurden sie ihnen zuteil?

Das ist vielleicht das Merkwürdigste an den »Apophthegmata Patrum«, an den frühen Selbstzeugnissen der Einsiedler in der Wüste bei Alexandrien: Von allem denkbar Menschlichen ist da die Rede.

Sogar die Penisentzündungen, an denen der eine oder andere Single draußen in der Wüste schmerzhaft litt, werden uns unverblümt geschildert. Aber Gott? Lucien Regnault, ein Mönch der französischen Abtei Solemnes, hat die Quellen alle sorgfältigst mit dem Computer nach »Gott« und ähnlichen Wörtern durchgescannt. Enttäuscht stellt er fest: »Von Gott ist da nicht viel die Rede, auch nicht von Christus und nicht von der Jungfrau Maria ...«

Hinzugefügt sei, was Pater Regnault peinlichst verschweigt. Wenn ich nicht etwas übersehen habe, so ist vom Papst in Rom überhaupt nicht die Rede. Nirgendwo und nie. Als ob es den römischen Pontifex überhaupt nicht gebe, so haben die Singles in der Wüste gelebt. Mit anderen Worten: Nicht nur psychologisch, sozial und ökologisch, auch religiös haben die Wüstenväter gesünder gelebt als wir. Viel gesünder. Urgesund.

Wir sind ja heute an ein Christentum gewöhnt, in dem alte Männer, Papst und Bischöfe voran, der Menschheit ungefragt unablässig alles über eben jene Themen erzählen, die Lucien Regnault in den »Apophthegmata Patrum« so schmerzlich vermisst: Gott, Jesus und Maria. Solche Reden aber waren in den Wüsten Ägyptens ganz einfach verboten. Wohl heißen »Papst« und »papa« das Gleiche wie »abba«, nämlich »Vater«. Doch ebenso radikal wie von den Familienvätern in den Nildörfern unterschieden sich die abbas in der Wüste von dem allzeit redenden papa in Rom.

Gott selber schweigt. Die Wüste ist der geographische Ort des Schweigens. Wie Moses vor dem Brennenden Dornbusch, so haben die Wüstenväter im Angesicht Gottes geschwiegen.

Und doch gab es Augenblicke, in denen sie redeten. Sie durften reden, wenn ein Jünger sie darum bat. Ganz seltene, feierliche Momente waren das, stets eingeleitet durch die rituelle Formel: »Abba, sag uns ein Wort!«

So war es auch in der antonianischen Wüste am mittleren Nil. »Abba, sag uns ein Wort«, sagten eines Tages die Jungen zum Freund des Antonius, dem alten Sisoes. »Suche Gott«, antwortete Sisoes, »aber frage nicht, wo er wohnt.«

Kein religiöses Bescheidwissen, keine dogmatische Besserwisserei. Wie die Sprüche Salomons sind die Worte der Wüstenväter Weisheit altägyptischer Tradition.

Noch radikaler allerdings war der alte Makarius. Wohl betete er mit den beiden Jüngern. Aber das waren nichts anderes als die beiden klassischen Gebete aller antiken Christen: morgens ein paar Psalmen »ad gallicantum«, zum Hahnenschrei, abends ein paar Psalmen »ad luminaria«, zum Lichteranzünden. Im Übrigen aber schwieg Makarius der Große. Als die beiden Griechen drei Jahre danach unerwartet starben, hatte Makarius ihnen noch kein Wort gesagt.

Die beiden kamen aus der Großstadt. Sind sie vielleicht draußen in der Wüste an Langerweile gestorben?

Steine klopfen in der Hitze Ägyptens, jeden Tag meilenweit Wasser holen gehen, endlos Brei kochen oder Fladen backen, einem unergründlich schweigenden Senior den ganzen Tag andächtig zuschauen – sagt, ist das nicht ein bisschen langweilig? Nicht allzu oft, aber doch etwa so oft wie das Wort »Gott«, kommt in den Berichten und Selbstzeugnissen aus der Wüste das Wort »acedia« vor. Das heißt, auf Griechisch und auf Lateinisch gleichermaßen, nichts anderes als »Langeweile«.

Gegen Langeweile, glauben manche, helfe Beschäftigungstherapie. Dieser Auffassung war auch Antonius selber. Lange vor dem Mönchsvater des Westens, dem heiligen Benedikt, empfahl er sich und seinen Jüngern das Prinzip »Ora et labora« – »Bete und arbeite«.

Zum Arbeiten draußen aber, im glühenden Sand Ägyptens, ist es die meiste Zeit des Tages einfach zu heiß. Warnt nicht der 91. Psalm vor dem »Dämon der Mittagsstunde«?

Also drinnen arbeiten in der Hütte. Neben den wenigen Haushaltsbesorgungen gab es da eigentlich nur eines zu tun: Matten flechten, Seile manchmal auch. Anfänglich mag so etwas interessant sein. Aber auf die Dauer? Das Gedränge und Geschrei daheim in den Großfamilien war unerträglich gewesen. Jetzt aber drohte das Gegenteil. In der Einsiedelei drohte acedia.

Singles sind intelligent. Um der Langenweile in ihren Einsiedeleien dauerhaft vorzubeugen, wurden die monachi der zweiten Generation kreativ. Sie sind die eigentlichen Erfinder der Fünf-Tage-Woche.

Am Anfang stand, wie so oft, ein schwer lösbares religiöses Problem: Wann ist eigentlich Sonntag? Blöde Frage, würde heute jeder Christ sagen, Sonntag ist am Sonntag. Das ist der Tag des Herrn, da gehen wir zur Kirche. Oder nicht?

Nein, nicht unbedingt. Unter den Christen des 3. und 4. Jahrhunderts herrschte da noch große Unsicherheit. In den Dörfern Ägyptens hatte sich, der jüdischen Tradition folgend, die Samstagsheiligung durchgesetzt. In der Hauptstadt Alexandrien dagegen galt, wie im fernen Rom, der Sonntag als Tag des Herrn.

Und jetzt die schöpferische Idee draußen in den nitrischen Einsiedeleien: Wir feiern, um es allen recht zu machen, zwei Tage lang Sonntag. »Nicht nur am ersten, sondern auch am letzten Tag der Woche«, schreibt Sozomenos, »nehmen sie an den heiligen Mysterien teil.« Am Samstag und am Sonntag heißt das. Die Fünf-Tage-Woche war geboren.

Antonius selber wäre auf diese Idee nicht gekommen. Wie auch andere unter den allerersten Pionieren der Wüste war er viel zu eigenwillig, um überhaupt zur Messe zu gehen. Auch war es wohl aus seiner Einsiedelei zu einer Kirche zu weit.

In der Nitrischen Wüste war das anders. Wer einen guten Esel hatte, konnte da samstags in ein paar Stunden zur nächsten Kirche in einem Dorf am Rand der Wüste reiten. Bald aber war das nicht mehr nötig.

Deir al-Baramus, Deir Anba Bischoi, Deir al-Suriani, Deir Abu Makar, so heißen die vier koptischen Klöster, die heute noch, nahe der Autobahn Kairo-Alexandrien, da stehen, wo damals die monachi der Nitrischen Wüste ihre ersten Kirchen bauten. Beim Bauen scheint es fast so schnell zugegangen zu sein wie draußen beim Bau neuer Einsiedeleien. Gleich standen neben der Kirche auch schon eine »Halle« sowie »Lagerräume«. Wofür?

Für die Agape. Das klassische Liebesmahl der antiken Christen.

Die Messe war nämlich erst am Samstagabend. Tagsüber konnte man aber in der Hitze nicht wandern. Also machten die monachi, die weiter draußen in der Wüste wohnten, schon am Freitagabend mit der Arbeitswoche Schluss, jene, die näher wohnten, ganz früh am Samstag. Was tun den ganzen Samstag? Einfach nur warten auf den Gottesdienst?

Vor der Messe die Agape. Die Ess-Säle, die dafür gebaut wurden, waren sehr groß. Kassian, der selber dabei war, berichtet von Agapen mit Hunderten von Singles. Jeder, so berichtet Palladius in der »Historia Lausiaca«, war bemüht, seine eigenen »Leckerbissen« beizusteuern zum gemeinsamen Liebesmahl; Datteln brachte der eine mit, Nüsse der andere, ein dritter vielleicht die raffinierteste Delikatesse der Wüstenväter: einen Kopfsalat, einen besonders schönen.

Allzu viel brauchten sie gar nicht mitzubringen. Es gab ja auch schon »Lagerräume« und einen »Bruder Ökonom«, der dafür da war, rechtzeitig die wichtigsten Besorgungen fürs Wochenende zu tätigen. Eine Küche war auch schon gebaut, aus der die Düfte herrlicher Gemüseaufläufe in den Festsaal strömten.

»Ei wie so schön und lustig ist es, als Brüder zusammen zu sein«, heißt es im 133. Psalm. Besonders lustig wurden die monachi, wenn zum Wochenende das Baukalion kreiste, der Pokal antiker Gastmähler. Logistisch zuständig dafür war die Weinhandlung, die Palladius gleich neben den nitrischen Kirchen ins Auge stach.

Es wird jetzt Zeit, dass wir zur Kirche gehen, genauer gesagt: zur ersten Messe am Samstagabend. Werfen wir aber zuerst noch einen Blick zurück in den Festsaal. Die Gesellschaft dort darf als gemischt bezeichnet werden. Wie in der antonianischen Wüstenstadt waren auch in Nitrien die meisten Einsiedler Bauernsöhne aus den Dörfern am Nil. Ihnen fiel es nicht schwer, das bisschen Geld, das sie fürs Weekend brauchten, zu verdienen. Als Schnitter verdingten sie sich während der Erntezeiten für ein paar Wochen im Delta.

Aus Alexandrien selbst kam Amun, einer der Großen in der Wüste. Er war zuvor Bestattungsunternehmer. Das Natron, das er fürs Einbalsamieren brauchte, hatte er sich regelmäßig im Wadi Natrun geholt. Dabei lernte er die monachi dort kennen. Eines Tages zog er es vor, nicht mehr zurückzukehren in sein Geschäft. Gemäß dem Wort Jesu Christi: »Lass die Toten ihre Toten begraben!« (Matthäus 8;22).

Aus gehobeneren Kreisen in Alexandrien kam auch der Kaufmann Apollonius, ebenso die beiden Brüder Isaias und Paesius. Sie besaßen ein Handelsunternehmen für Import und Export nach Spanien. Aus dem Büro-Milieu gekommen war dagegen der Einsiedler Markus: »Er war sehr gehorsam und er war Schönschreiber.«

So gut erzogen waren aber nicht alle, die an den christlichen Gastmählern zum Wochenende in der Wüste teilnahmen. Vor den monachi war ja schon eine andere Sorte Außenseiter in der Wüste ansässig gewesen.

Die Räuber!

Nicht zufällig saß Antonius bei Pispir in einer verlassenen Räuberburg. Noch mehr Räuber gab es unten in der Nitrischen Wüste. In ihrer Mitte lag ja das Wadi Natrun, das – wie der Name sagt – reich war an Salzen. Ein römisches staatliches Monopolunternehmen beutete dort Salpeter aus. Nicht alle Ägypter überließen diese Schätze gern den Besatzern. Makarius der Große etwa, uns bereits bekannt als besonders schweigsamer abba, war zuvor von Beruf nicht nur Kameltreiber, sondern auch Salpeterdieb.

Nichts Schlimmes gewiss. Da waren bedenklichere Fälle. Zum Beispiel der Wüstenvater Pambo, heute noch einer der beliebtesten Heiligen der Kopten. Sklave eines Beamten war er gewesen. Aber nicht nur seine Hautfarbe, auch seine Seele war zeitweise tiefschwarz. Jedenfalls wurde Pambo wegen Mordes gesucht. In einer Kalkhöhle der Nitrischen Wüste fand er Zuflucht. In vorbildlicher Weise war er dort bemüht, sich unter den benachbarten monachi zu resozialisieren. So wurde aus Pambo dem Mörder der heilige Pambo. Mit den Jahren wurde er immer heiliger. In ganz Ägypten verbreitete sich der Ruf seiner Heiligkeit so, dass schließlich fünfundsiebzig Jungräuber, alle auf der Suche nach Resozialisierung, um abba Pambo herum siedelten.

Legendär war Pambos Körperkraft. Als er noch Räuberhauptmann war, draußen in der Welt, soll er fähig gewesen sein, vor seinen staunenden Kumpanen eine Amphore mit 18 Sektar Wein – das sind mehr als neun Liter – zu stemmen und in einem Zug zu leeren. Ob es nicht ein bisschen wild zuging auf den Wochenend-Agapen in der Wüste, wenn Pambo und seine Jünger daran teilnahmen?

Es wird jetzt unbedingt Zeit, zweimal zur Kirche zu gehen, nicht nur am Samstagabend, sondern auch am Sonntagmorgen. Und danach? Für den langen Wanderweg heim in die Einsiedeleien war es schon wieder viel zu heiß.

Es gab ja auch noch so viel zu besorgen. Außer der Weinhandlung gab es sieben Bäckereien, wahrscheinlich wohl Konditoreien, die Abwechslung boten zum Fladenbrot draußen in der Einsiedelei. Ferner gab es auch schon drei Apotheken, mehrere Ärzte und eine größere Zahl von »Agenturen« – wahrscheinlich Gemischtwarenläden. Wenn nicht etwas anderes, wir kommen gleich darauf zurück.

Manche scheinen sich auch am Sonntag noch einmal zusammengefunden zu haben. Zur Zweit-Agape im engeren Freundeskreis. Bis dann am späten Sonntagabend auch die letzten sich wieder auf die Socken machten: heim zur Fünftage-Woche draußen in der Einsiedelei.

So war es in Nitrien, so auch in der antonianischen Siedlung bei Pispir und gar nicht anders in den Einsiedler-Kolonien Palästinas. Sehr schnell hatte das Leben der christlichen Aussteiger eine duale Struktur gefunden, die zugleich fest war und flexibel: fünf Tage Arbeit und Stille im Einpersonen-Haushalt, zum Wochenende dann zwei Tage fröhliche Geselligkeit. Die Stimmung war glücklich, ja zeitweise wohl paradiesisch. Das bezeugen nicht nur die späten Thebais-Bilder toskanischer Maler, sondern auch die Reiseberichte griechischer und römischer Zeitgenossen.

Semi-Anachoretismus nennt man in der Kirchengeschichte diese duale Lebensweise. Ein großes Wort. Ist dies nicht ganz einfach der christliche Archetyp der Lebensführung moderner Singles?

Nicht ganz. Den Wüstenvätern haben die Wüstenmütter gefehlt.

Haben sie wirklich gefehlt? Von ihnen, den »ammas«, »mit denen ich Umgang pflegte in der Wüste Ägyptens«, schwärmte doch damals der griechische Reisereporter Palladius. Von ihnen schwärmen heute feministische TheologInnen wie Anne Jensens. Sind nicht sogar die Namen großer Wüstenmütter überliefert? Die heilige Thais und die heilige Chariclea, die heilige Cyra und die heilige Marina, die heilige Athanasia, die heilige Apollinaria Syncletica und vor allem sie, die größte, jene heilige

Maria Aegyptiaca, die Goethe so begeistert hat, dass er sie ganz am Schluss von Faust II zusammen mit Gretchen in den Himmel auffahren lässt: »Bei der vierzigjährigen Buße, der ich treu in Wüsten blieb.«

Alles Schwindel. Literarischer Schwindel. Heiliger Schwindel. Nach zuverlässigem heutigem historischem Wissen haben die ammas draußen in der Wüste nicht existiert. Allesamt sind sie das Produkt blühender Legenden aus den christlichen Salons von Alexandrien.

Reine Erfindung ist die musterhaft bekehrte, zur büßenden Einsiedlerin gewandelte Hure Maria von Ägypten. Andere heilige Büßerinnen waren keine Huren, haben auch wohl sehr zurückgezogen gelebt, aber doch in Alexandrien selbst oder wenigstens in den Vorstädten der Metropole. Draußen in der Wüste nicht. Aus einem einfachen Grund: Für eine Frau war das zu gefährlich.

»Siebenmal standen wir im Angesicht des Todes«: So heißt es in der lateinischen Reportage, die Rufin von Aquileja von seiner großen Expedition zu den Wüstenvätern Ägyptens – wenn er denn selber dabei war – heimbrachte. Auch da ist viel Phantasie, etwa wenn Rufin schildert, wie eine Rotte von riesigen Krokodilen hinter der entsetzten Reportergruppe her quer durch die Wüste gerannt kam. Realer und gefährlicher als die Krokodile waren aber die Schlangen. Nicht zu vergessen die Löwen. Außer dem Hirtenhemd und dem Schafspelz gehörte zum »schema«, zur Tracht jedes Wüstenvaters, ein dicker Stock.

Einen Stock schwingen kann auch eine Frau. Doch da war, außer dem fast unerträglichen Klima und den Bestien der Wüste, noch eine andere Gefahr. Die größte.

Im Kölner Grüngürtel ist das Klima viel besser als in der Nitrischen Wüste. Trotzdem wird keine noch so fromme Kölnerin, wenn sie halbwegs bei Trost ist, je auf den Gedanken kommen, sich da allein niederzulassen. Auch nicht für ein paar Tage nur. Nachts vor allem nicht.

Viele der Wüstenväter Ägyptens wurden später als Heilige verehrt, manche noch heute. Auch Heilige sind aber Menschen. Sie fallen leicht in Versuchung. Besonders wenn sie vorher von Beruf Räuber waren. Eine Frau allein in einer Einsiedlerhütte mitten unter tausend – noch so heiligen – Männern ohne Frauen? In den urbanen Wohnverhältnissen von Alexandrien waren die Frauen unter den christlichen Singles in der Mehrzahl. Ein ähnliches Leben in der Wüste führen konnten die Proletinnen aus den Dörfern nicht.

Antonius der Große wusste es wohl. Als eine seiner Schwestern zu ihm in die Wüstenstadt bei Pispir kam, in der Absicht, so wie er zu leben, wehrte er ab. Ausdrücklich wird berichtet, dass sie dann in eine jener Wohngemeinschaften von ledigen Christinnen zog, die sich nicht nur in Alexandrien bildeten, sondern auch in kleineren ägyptischen Städten, und zwar stets in der Nachbarschaft des örtlichen Bischofs, unter seinem unmittelbaren Schutz. Dies sind die allerersten Anfänge jener christlichen Frauenklöster, die im Mittelalter zu Bastionen weiblicher Unabhängigkeit und Selbstbestimmung werden sollten.

Ja gewiss, am rauen Klima hat es gelegen, an der nächtlichen Unsicherheit auch, der wirkliche Grund aber, warum die ammas, auch die frömmsten unter ihnen, sich in der Wüste nicht niederlassen konnten, war ungleich einfacher: Die abbas wollten es nicht haben. Ammas duldeten die abbas in der Nitrischen Wüste unter sich so wenig wie Antonius selber in seiner Wüstenstadt bei Pispir.

Als der große Sisoes gebrechlich wurde, machte einer seiner Jünger sich Sorgen um die Pflege: »Abba, du bist alt geworden, gehen wir doch näher an die bewohnten Gegenden heran, für die kommende Zeit.« Die Antwort des Alten war bündig: »Gehen wir dahin, wo keine Frau ist.« Der Jünger zögerte: »Wo ist ein Ort, wo keine Frau ist, außer in der Wüste?« – »Also dann«, antwortete stur der der greise monachus, »bringe mich in die Wüste!«

Ähnlich wie damals schon der antike christliche Single in den mediterranen Großstädten sieht heute der moderne Single in der Frau die »Partnerin«. Den ägyptischen Bauernsöhnen in der Wüste war ein solcher Begriff gänzlich fremd. Für sie war die Frau der Inbegriff all dessen, wovor sie geflohen waren, hinaus in die Freiheit der Wüste. Kein »Partner« war sie, sondern eine Art Matroschka-Puppe, ein in sich endlos verschachtelter Schoß, aus dessen Fruchtbarkeit, unkontrollierbar, unbegrenzbar, eine wimmelnde Nachkommenschaft gekrochen kam. Gebärerin einer Großfamilie war für sie wesenhaft, Urmutter des Albtraums, den sie hinter sich gelassen hatten. Dies jetzt in der Wüste wieder? Auf keinen Fall.

Derb war, zumindest in den Anfängen, das Milieu der Einsiedler in der Wüste, derb entsprechend auch in den frühen Selbstzeugnissen – den »Apophthegmata Patrum« – ihre Rede über die Sexualität. Wenn zum frohen Wochenende das Baukalion in der Runde kreiste, fielen ungebildete Worte. Unter den Jüngern von abba Paphnutius zum Beispiel war ein Teenager, der besonders laut mit seiner Potenz prahlte: »Auch wenn ich zehn Weiber nähme, könnte ich meine Begierde nicht stillen.«

Dann verschwand er. Paphnutius trauerte ihm nicht nach. Bei diesen echten, ursprünglichen monachi gab es ja keinerlei »monastische Gelübde« wie heute in der katholischen Kirche. Kein Gehorsams-Gelübde, kein Armuts-Gelübde, kein Keuschheits-Gelübde erst recht. Wer kommen wollte, kam, wer gehen wollte, ging.

Jahre danach fügte es sich, dass abba Paphnutius seinen Weg durch einen Dorfmarkt am Rand der Wüste suchte. Vermutlich war er gekommen, um die Matten und Seile, die er in seiner Einsiedelei geflochten hatte, zu verkaufen. Jedenfalls achtete er nicht auf die Gesichter in der Menge. Da trat plötzlich ein Mann auf ihn zu: »Erkennst du mich nicht, Paphnutius? Ich war doch einmal dein Schüler!«

So heruntergekommen, so verhärmt sah jener aus, dass Paphnutius Mühe hatte, sich zu erinnern. War das wirklich jener blühende Aufschneider von damals? Und er schüttelte den Kopf: »Es fehlte nur, dass du wirklich zehn Weiber genommen hast!« Die Antwort war ein tiefer Seufzer: »Um die Wahrheit zu sagen, ich habe nur eine genommen und habe die größte Mühe, ihr genug Brot zu verschaffen.«

Sie wollten keine ammas zu sich nehmen, die abbas draußen in der Wüste, aus gutem, das heißt: aus materiellem Grunde nicht. Das besagt aber nicht, dass sie, wie später in christlichen Legenden dargestellt, ein verkrampftes, verklemmtes Verhältnis zu Frauen entwickelten. Im Gegenteil. Wenn sie sich als Tagelöhner zur Ernte in die Dörfer verdingten, so war das eine Arbeit, bei der sie ebenso viele Frauen wie Männer um sich hatten. Der Umgang dürfte zeitlos normal gewesen sein. Siebzig Jahre alt war abba Pachom schon, als ihn eines Tages in seiner Einsiedelei ein Dämon plagte: »Er erschien mir in der Gestalt einer schwarzen Jungfrau aus Äthiopien, die ich einst in meiner Jugend zur Zeit der Ernte beim Ährenlesen gesehen hatte, setzte sich auf meine Knie und erregte mich so stark, dass ich mit ihr zu verkehren glaubte.«

Ein besonders unverkrampftes Verhältnis zum weiblichen Geschlecht hatte abba Johannes Kolobos, Johann der Kurze. Auf seinen gelegentlichen Ausflügen nach Alexandrien war er missionarisch tätig. So gelang es ihm, eine Prostituierte namens

Paesia zu bekehren. Vom Laster zur Tugend. »Nimm mich mit, wohin du willst«, sagte die Bekehrte zu ihrem Bekehrer. Unvorsichtig genug, wollte er sie mitnehmen in seine Einsiedelei. Doch unterwegs, nächtens im Sand der Wüste, entschlief sie. Mit eigenen Augen sah Johann der Kurze, wie ihre geläuterte Seele in einer leuchtenden Spur aufstieg zum Himmel über der Nitrischen Wüste. Aus der wüsten Paesia war, etwas vorschnell, eine heilige Wüstenmutter geworden.

Trotzdem waren es keine anzüglichen Gerüchte, im Gegenteil, es war der Gute Ruf, der den monachi draußen in der Wüste zum weiblichen Verhängnis werden sollte. In den Städten im Delta, in den Dörfern am Nil hatte es sich herumgesprochen: Dies seien nicht etwa nur Spinner und Verbrecher, nein, da draußen in der Wüste seien auch viele echte Heilige.

Was ist ein Heiliger?

Für die meisten ist das heute eine phantasmagorische Altarfigur. Nicht für die antiken Ägypter. Für sie war ein Heiliger ein Mann mit außergewöhnlicher, göttlicher Kraft. Gesucht waren Heilige über die Maßen. Das deutsche Wort sagt es noch heute: Heilige konnten heilen.

Alsbald brachen, aus allen Dörfern und Städten am Nil, lange Prozessionen auf in die Nitrische Wüste. Männer gewiss auch, weitaus in der Überzahl aber Frauen. Was trieb sie in die Wüste? Neugier zweifellos. Männer ohne Frauen? Gibt es das? Kaum eine Ägypterin, die nicht diese kuriosen Kerle da draußen in der Wüste mit eigenen Augen gesehen haben wollte. Eines vor allem wollte jede: Dass ihr ein heiliger Wüstenvater seine heiligen Hände auflegte. Um sie zu heilen.

Eine nitrische Einsiedelei nach der andern verwandelte sich in eine physiotherapeutische Praxis. Am erfolgreichsten war Makarius der Alexandriner, nicht zu verwechseln mit jenem schweigsamen alten Makarius, den wir bereits durch die ganze

Wüste suchen mussten. Von weither kamen die Patientinnen zu ihm. Eines Tages lud man vor seiner Einsiedelei eine »vornehme Jungfrau aus Thessaloniki« vom Kamel, die »seit vielen Jahren an Lähmungen litt«.

So richtig ein Fall für Makarius: »Zwanzig Tage lang, unter Gebeten, rieb er sie eigenhändig ein mit geweihtem Öl. Dann schickte er sie geheilt in ihre Heimatstadt zurück. Nach ihrer Heimkehr ließ sie ihm reiche Gaben zukommen.«

Die weiblichen Prozessionen zu den einsamen Männern in der Wüste begannen sich zu verdoppeln. Den Anfang gemacht hatten die Fellachinnen aus den ägyptischen Dörfern. Jetzt kamen in hellen Scharen die vornehmen Damen aus den großen christlichen Städten der Welt: aus Alexandrien, aus Antiochien, aus Konstantinopel, aus Korinth und Rom. Gelähmt waren nur wenige. Was suchten die andern alle bei den monachi in der Wüste Ägyptens?

Bildung!

Ähnlich wie heute ein Aufenthalt in England oder in den USA, gehörte, noch vor der Heirat, eine Bildungsreise nach Ägypten zu den musts einer römischen Jungfrau vornehmen Geblüts. Das war schon zu heidnischen Zeiten so. Jetzt waren gerade diese gehobenen Kreise christlich geworden. Das ägyptische Bildungsprogramm der höheren Tochter bedurfte somit, nach all den Pyramiden, Sphinxen und Obelisken, eines christlichen Supplements. Auf ging es, hoch zu Kamel, zu den Drei Palmen und von dort auf abenteuerlichem Ritt hinaus in Nitriens wilde Wüste. Weit hinaus zu einem echten Wüstenvater. Ein unvergessliches Erlebnis, von dem sie ein Leben lang ihren Kindern und Kindeskindern erzählen konnte: »... und dann hat der Wüstenvater mich gesegnet. Stellt euch vor, auf Koptisch!«

Auf die Jungfrauen folgten die Witwen. »Schiffsladungsweise«, so klagte der Wüstenvater Arsenius, würden sie, aus dem Hafen von Alexandrien, direkt vor seine nitrische Einsiedelei transportiert. Allerdings war Arsenius für alte Römerinnen besonders interessant. War er doch selber ein alter Römer, und zwar ein berühmter. In die Nitrische Wüste geflohen war er nach einem pädagogischen Fiasko. In Konstantinopel hatte Arsenius versucht, die beiden Söhne von Kaiser Theodosius zu christlicher Lebensführung zu erziehen, worauf die beiden ihrerseits versuchten, ihn zu ermorden.

Die ganze Zeit haben wir schon auf sie gewartet. Sie selbst. Ipsa. αυτή. Jetzt kam sie wirklich selbst: Paula, die berühmteste Witwe von Rom. Ägyptens Bischöfe fielen vor ihr auf die Knie, als sie, die große Scipionin, an der Spitze einer prachtvollen Karawane durchs Delta zog. Doch als sie ankam bei den Drei Palmen, allwo ein Männerchor aus der Wüste sie hymnisch empfing, stieg sie selber vom Kamel und warf sich vor Ägyptens monachi in den Staub.

Von Einsiedelei zu Einsiedelei reitend, hinterließ Paula, quer durch die Wüste, eine wahre Goldspur von römischen Fördermitteln. Gewöhnt an den Umgang mit den urbanen christlichen Singles daheim in Rom – mit dem heiligen Hieronymus vor allem –, konnte sich Paula nämlich gar nicht vorstellen, dass ein alleinstehender Mann nicht dringend ihrer finanziellen Unterstützung bedurfte. Noch großzügiger war eine andere römische Touristin: die heilige Melania, von der wir bereits wissen, dass sie schon mit zweiundzwanzig – unter ungeklärten Umständen – Witwe geworden war. »In Begleitung einiger ihr besonders ergebener Sklaven und Frauen«, allerdings auch mit einem echten Bischof als Guide, stieß Melania vor bis zur Höhle des bekehrten Räubers Pambo. Dreihundert Pfund Silber hieß sie ihre Sklaven dort abladen in den Sand. Pambo schaute nicht einmal auf. Nichts schenkte er der römischen Sponsorin zum Dank als einen selbst geflochtenen Korb.

Wo die Frauen kommen, da kommen die Esoteriker. Die suchenden Männerseelen. Wie eine ägyptische Plage brach der spirituelle Kitsch über die Nitrische Wüste herein.

Beschränken wir uns, aus Gründen der intellektuellen Hygiene, auf die drei schlimmsten: Evagrius, Palladius und Kassian heißt die esoterische Dreierbande, die, kaum angekommen unter den Drei Palmen, auch schon anfing, ihre spirituellen Erlebnisse aufzuschreiben (»dear diary!«) und sie, so schnell das Postschiff aus dem Hafen von Alexandrien segeln konnte, daheim in Rom, in Konstantinopel, publizistisch zu verwerten. Am geschäftstüchtigsten war Kassian. Vierundzwanzig Bände umfassen allein seine »Gespräche mit Wüstenvätern«, alle vierundzwanzig, einer nach dem andern, Bestseller im christlichen Rom. Und nach jedem Band wogten neue Touristenströme übers Meer.

Was steht drin in Kassians vierundzwanzig Bänden »Gespräche mit Wüstenvätern«? Das ist leicht zusammengefasst. Im Wesentlichen sind das die Gespräche, welche Kassian, Evagrius und Palladius unter sich selbst geführt haben. Zwei Themen haben die drei Esoteriker Tag und Nacht beschäftigt: die Langeweile und, verständlicherweise sich daraus ergebend, die eigenen sexuellen Probleme.

Was ist so spannend an der Langenweile? Eigentlich nichts. Auch Antonius, wir sahen es, hat nach seinem Auszug in die Wüste unter Langerweile gelitten. Gegen sie erfand er die Beschäftigungstherapie. Das ist eine proletarische Idee.

Aber Beschäftigungstherapie für Esoteriker? Statt mit müden Fingern Matten und Körbe zu flechten, kamen die drei Esoteriker im glühenden Sand Ägyptens auf jene fatale Idee, von der sich die christliche Mystiker-Szene niemals mehr richtig erholen sollte. Statt zu arbeiten, steigerten sie ihre Langeweile zur großen Theologie.

Mit jenem »Dämon der Mittagsstunde«, über die der Psalm klagt, setzten sie die Langeweile gleich. Und siehe, es erschien ihnen dieser erschrecklichste aller Dämonen mit einem siebenfach höllischen Schweif: Bosheit, Auflehnung gegen Gott, Mutlosigkeit, Verzweiflung, Abstumpfung und geistige Verwahrlosung. Im Mittelalter wird Thomas von Aquin dieser siebenfachen Dämonie eine ganze Quaestio der Theologischen Summe widmen und die acedia zum »peccatum mortale« steigern, zur Todsünde. Theologen des 20. Jahrhunderts werden sie, beklemmender noch, gleichsetzen mit Kierkegaards »Krankheit zum Tode«.

Empirischen Erfahrungen entspricht am ehesten der Dämonenschweif Numero 7: die »geistige Verwahrlosung«. Leicht kann sie auf den Körper übergreifen. Als die drei berühmten Esoteriker sich in ihren nitrischen Einsiedeleien gegenseitig immerzu besuchten, mochte anfänglich Langeweile das Motiv sein. Thema Numero 1 aber wurden schnell die sexuellen Probleme, die fast unerträglichen »Begierden«, an denen sie alle drei nach eigenem Bekunden in der Einsamkeit litten.

Was tun gegen sexuelle Begierden?

Das ahnen wir schon. Wahrhaftig gelingt es der esoterischen Dreierbande in der Wüste, auch so etwas Simples noch zu steigern zu einer himmelhohen Theologie der Keuschheit. Am meisten Phantasie hatte Kassian. In den »Gesprächen mit den Wüstenvätern« fasst er seine persönlichen Fortschritte in dieser heiklen Materie theologisch so zusammen:

»Auf Stufe eins beginnt die Keuschheit damit, dass der Asket tagsüber den Regungen des Fleisches nicht erliegt. Auf Stufe zwei verweilt er bei diesen Regungen nicht einmal im Geiste. Auf Stufe drei macht es ihm nicht mehr den geringsten

Eindruck, wenn er eine Frau sieht. Auf Stufe vier hören die Regungen des Fleisches tagsüber gänzlich auf. Auf Stufe fünf ist er in der Lage, über die Dinge des Fleisches zu reden wie über irgendwelche Dinge, auf die es ihm gar nicht ankommt. Auf Stufe sechs ist er auch des Nachts gänzlich frei von jenen Phantasien, vor denen uns Gott bewahren möge.«

Und Stufe sieben?

Kassian windet sich da sehr. Nur einer der, wie er, Stufe sieben selber erreicht habe, könne das Glück ungeahnter Freiheit in vollendeter Keuschheit ahnen. In Rom ging die Erleuchtung aus der Wüste von Mund zu Mund: »Qui spiritu Dei repleti sunt, nudi incedunt.« Ich schäme mich, das zu übersetzen. Sinngemäss heißt es: Auf Stufe sieben können Christ und Christin wieder so nackt miteinander umgehen wie Adam und Eva im Paradies.«

So weit die Theologie. In der Praxis hat keiner der drei großen esoterischen Keuschheitsmystiker auch nur Stufe eins erreicht. Auf die Praxis kommt es aber in der Religion meistens gar nicht an. Die Theorie war so schön, dass sie, rund ums christliche Mittelmeer, jene spirituellen Triumphe feierte, die wir bereits in Rom miterleben durften.

Nitrien ist übrigens kein sehr genauer Begriff. Die antiken Quellen unterscheiden hier, wesentlich präziser, drei Wüsten: Nitria, Kellia und Scete. Alle drei sind in den letzten Jahren der industrialisierten Landwirtschaft und, mehr noch, den Slumsiedlungen, die aus dem Delta immer weiter in die Wüste hinauswuchern, unwiederbringlich zum Opfer gefallen. Schweizerischen und belgischen Archäologen ist es aber gelungen, vorher noch die wichtigsten Spuren jener spätantiken Einsiedler-Kolonien zu sichern. Sie stießen auf eine staunenswerte Entwicklung.

In der Frühzeit überwog eindeutig die »Monozelle«. Der Einpersonen-Haushalt bestand also aus einem einzigen spartanischen Raum. Bald bekamen die wichtigeren abbas zwei Zimmer: einen Wohnraum und eine Vorstube für den laufenden Empfang ihrer VerehrerInnen. In der dritten Generation, das heißt: in der Zeit der Fünftage-Woche, setzt sich diese Entwicklung über die Dreizimmer-Einsiedelei hinaus fort. Sie endete in der Siebenzimmer-Einsiedelei. Es gibt davon sehr genaue archäologische Rekonstruktionen.

Zu einer solchen Luxus-Einsiedelei gehörten meist ein fein verkacheltes Badezimmer, eine Küche mit den neuesten Backöfen und Herden aus Alexandrien, ein Wohnzimmer mit Wandmalereien sowie – als eigentlicher Kultraum – eine Bibliothek. Alles nicht etwa im Eigenbau ausgeführt, sondern erkennbar von den besten Facharbeitern aus Alexandrien. Wer hat sich eine solche Luxus-Einsiedelei leisten können?

Zwei Personengruppen kommen infrage. Einmal jene wohlsituierten christlichen Großbürger und Intellektuellen aus Alexandrien, die, nach fünfundzwanzig Bänden Kassian, unbedingt eine résidence secondaire haben wollten, um, als Abwechslung zu dem erschöpfenden Stress des Berufslebens in der Großstadt, draußen in der Wüste die Seele zu pflegen. Ähnlich werden sich im 19. Jahrhundert Großbürger, die zu viel Rousseau gelesen hatten, hinten im Park ihrer herrschaftlichen Villa eine – der Name sagt alles – Eremitage einrichten.

Und die zweite Personengruppe?

Zwischen all den militärischen Katastrophen, mit denen er das oströmische Reich im Norden ruinierte, fand Flavius Valens (Kaiser von 364 bis 378) noch Zeit, eine Legion in die Wüste bei Alexandrien in Marsch zu setzen. Mit dem Befehl, dort die »ignaviae sectatores« herauszuholen »aus ihren Schlupflöchern« und sie gefesselt zurückzuführen zu den »Pflichten in den Heimatgemeinden«. »Ignaviae sectatores« heißt »Drückeberger«.

Die Steuerflüchtlinge! Wenn irgendjemand sich eine Siebenzimmer-Einsiedelei in der Wüste leisten konnte, dann sie.

So erbarmungslos war die römische Steuereintreibung draußen in den Provinzen, dass just zu dieser Zeit in Gallien und in Nordafrika verheerende Aufstände ausbrachen. In Ägypten keine Rebellion. Dafür aber die Flucht. Auf in die Wüste! Da hinaus getraute sich kein Steuerfahnder. Da war, erinnern wir uns, das Reich der Dämonen. Vor allem war da das Reich des heiligen Pambo und seiner Gefährten.

So war das mit den Singles in der Wüste Nitriens. Zwei oder drei Generationen dauerte die Blüte. Jenes Paradies, das Fra Angelico malen wird. Der Rest war Dekadenz oder museale Erstarrung. Mit allen Aufbrüchen in der christlichen Geschichte wird das so sein. Und wie in Nitrien, so auch, mit geringer zeitlicher Verschiebung nur, in der antonianischen Siedlung bei Pispir.

Dort scheinen die Steuerflüchtlinge sogar schon früher angekommen zu sein. »Viele begüterte Männer«, schreibt Athanasius doppeldeutig, hätten sich bei Antonius niedergelassen, »um dort die Lasten dieses Lebens abzulegen.« Ganz deutlich wird er, wenn er die paradiesische Heiterkeit in der antonianischen Siedlung mit dem Hinweis erklärt: »Denn da war kein Steuereintreiber.«

Der heilpraktische Betrieb folgte. Eine vornehme Dame aus Syrien, so wird berichtet, habe bei Antonius selber Heilung gesucht, weil sie »durch übertriebene Askese heftig an Bauchweh und Seitenstechen litt«.

Was die Steuerflüchtlinge besonders zu Antonius zog, die große Distanz zu den Behörden in Alexandrien, schreckte eine Weile die Touristen ab. Aber nicht sehr lange. Nach dem Toleranzedikt von Mailand (313) wurde es unter den hohen Beamten in Alexandrien politisch korrekt, Christ zu sein. Wie stellt man seinen christlichen Glaubenseifer im Kollegenkreis erkennbar unter Beweis? Am überzeugendsten durch eine große Wallfahrt.

Als wäre es ein christliches Mekka vor der Zeit, strömten die hohen Militärs, Richter und Verwalter nilaufwärts zu Antonius. Das esoterische Milieu war vermutlich schon vorher da. So mächtig, berichtet Hieronymus, entwickelte sich der Verkehr in die Wüste bei Pispir, dass sich die römische Verwaltung gezwungen sah, zwischen Aphroditopolis und der Kolonie des Antonius eine reguläre Kamelpostlinie einzurichten. Wir brauchen uns den Schaffner nicht vorzustellen: »Terminus! Κέλλιον Αντώνιου! Endstation Eremitage! Alles aussteigen!«

Bis es Antonius zu viel wird. Wie zuvor aus jenem Felsengrab bei Qeman flieht er im Jahr 313 auch aus seiner zweiten Einsiedelei bei Pispir. Über seine Motive zu dieser zweiten Flucht hat Antonius im Gespräch mit Athanasius durchaus selbstkritisch Auskunft gegeben. Er habe sich »belästigt gefühlt durch die vielen Leute«, auch habe die Menge von ihm »Dinge verlangt, die meine Kraft übersteigen«, womit er zweifellos den heilpraktischen Wunderbetrieb meint. Umgeben von so viel Bewunderung sei er, nicht zuletzt, der Versuchung erlegen, »sich selber wichtig machen zu wollen«.

»Fleeing from fame«, so drückt es der britische Historiker Derwas Chitty aus, zieht Antonius im Alter von 62 Jahren erneut hinaus in die Wüste. Keine panische Flucht ist das, sondern – er ist schon zweiundsechzig – die strategisch geniale Absetzbewegung eines erfahrenen Mannes.

»Ein Single bleibt selten allein«: Für den modernen Single ist das die banalste aller Selbstverständlichkeiten. Für Antonius, den Pionier dieser Lebensform, war es eine umwerfend neue Erfahrung. Und eine epochale Herausforderung. Er nahm sie an. Im Exodus aus Pispir erfindet Antonius das System der dualen Einsamkeit.

Nicht allein zieht er beim dritten Mal hinaus in die Wüste, sondern begleitet von einer kleinen Schar vertrauenswürdiger Jünger. Auf einer alten Piste arabischer Kameltreiber – etwa dort, wo heute die Autostraße verläuft – zieht er durch den Wadi Araba ostwärts bis fast zum Roten Meer. Am Berg Kolzim macht er halt. Dort befindet sich heute jenes Antonius-Kloster, zu dem die deutschen Bildungstouristen von den Badestränden am Roten Meer hochgefahren werden. Damals war dort nichts als ein kleiner Palmenhain und eine Quelle.

Da lässt Antonius seine Jünger zurück. Er selber steigt den Berg hinauf zu einer der vielen Höhlen im Kolzim-Gebirge. Über eine grandiose Landschaft schweift sein Blick bis hinaus ans Rote Meer. Endlich ist Antonius allein.

Dafür sorgen die Jünger. Sie, aus deren Siedlung das Antonius-Kloster hervorgehen wird, stehen unten am Berg Wache. Wie der Engel vor dem Paradies, so gnadenlos weisen sie alle BesucherInnen ab. Wie lange das gelingen wird? Lange nicht, das weiß Antonius selbst. Um zu verhindern, dass auch sein dritter Einpersonen-Haushalt von den Massen gestürmt wird, erfindet er das duale System. Nur das halbe Jahr nämlich gönnt er sich die wundersame Stille über dem Roten Meer. Die andere Hälfte des Jahres, feierlich angekündigt, kehrt er zurück in die Wüstenstadt bei Pispir. Als Eremit zum Anfassen. Als Single für alle Welt. Nicht nur aus Rom und aus Konstantinopel, aus Gallien auch und aus Spanien strömen sie alle herbei, um seine extraordinäre Lebensweise zu bestaunen.

Es ist nicht sicher, wie alt Antonius geworden ist. Dass er hundertundfünf Jahre alt geworden sei, ist vielleicht ein Versuch der Legende, ihn, den patriarcha monachorum als den eigentlichen Patriarchen des Neuen Testaments neben die – bekanntlich steinalten – Patriarchen des Alten Testaments zu stellen. Gleich verehrungswürdig.

Zweifellos aber ist Antonius sehr alt geworden. Der wissenschaftlichen Forschung ist jedenfalls aufgefallen, dass die echten monachi draußen in der Wüste sehr viel älter geworden sind als die ersten sogenannten monachi (»Mönche« im heutigen, verdrehten Wortsinn) unten in den christlichen Klöstern am Nil. Der Grund ist einfach. Wichtigste Todesursache in Ägypten waren Seuchen. Meist ist von Pest die Rede, oft wird es Typhus gewesen sein. Seuchen kommen davon her, dass einer den andern ansteckt. Unten im übervölkerten Tal geschah das viel schneller als draußen in der Wüste. Und das Quellwasser in der Wüste war rein.

Singles leben gesünder. Athanasius von Alexandrien wusste es – er, der wohl als Einziger hinaufsteigen durfte zu Antonius in seine Höhle am Berg Kolzim. Noch im höchsten Alter, schreibt er, sei das Gesicht des Eremiten jugendlich frisch geblieben: »Nicht ein einziger Zahn war ihm ausgefallen. Nur das Zahnfleisch war, des hohen Alters wegen, bis hinter die Zahnhälse geschwunden.«

Endlich aber wurde ihm der regelmässige Shuttle zwischen seiner »Inneren Einsiedelei« am Berg Kolzim und der »Äußeren Einsiedelei« bei Pispir zu mühselig. Das ganze Jahr blieb er jetzt in seiner geliebten Einpersonen-Höhle am Berg Kolzim. Doch hatte er Erbarmen mit der Masse der Pilger. Aus dem ganzen orbis romanus drängten sie den Wadi Araba hinauf, um einmal wenigstens, einmal in ihrem gestressten Leben, teilzuhaben an seinem wunderbar heilsamen Single-Dasein.

Steil zu ihm hinauf in die Höhle durfte auch jetzt keiner. Täglich aber, spät am Nachmittag, trugen ihn zwei Jünger aus der Höhle hinab zur harrenden Menge. Dann legte er den Kranken die Hände auf. Den verzweifelten Familienvätern, den matres dolorosae aus den ägyptischen Großfamilien sprach er Trost zu, den bildungschristlichen Paaren aus Alexandrien und Rom spendete er – mittels Übersetzer – für ihre quälenden Eheprobleme konfliktpsychologischen Rat.

Wer heute diesen Ort besuchen will, wo Antonius sich zum letzten Mal den Menschen gezeigt hat, braucht nicht zu suchen. Der Lärm ist von Weitem zu hören, noch schlimmer ist der Gestank.

Nach offizieller Schätzung sind heute 6 % der Ägypter koptische Christen, also gut 4 Millionen. Stimmt das? Um die – bekanntlich leicht reizbare – muslimische Mehrheit nicht noch gereizter zu stimmen, manipuliert die ägyptische Regierung skrupellos die religiöse Statistik. Nur vier Millionen Christen? Es müssen mehr sein. Viel mehr.

Wer's nicht glauben will, der mache selber eine Wallfahrt zum Antonius-Kloster. Mit seiner uralten antonianischen Folklore mag das Kloster selber interessant sein. Ungleich interessanter aber ist der moderne Parkplatz dahinter.

Dies sei der größte Parkplatz von Ägypten, sagen manche. Aus Kairo, aus dem Delta, aus Oberägypten kommen den ganzen Tag die Pilgerbusse angefahren. In endlosen Kolonnen. In der Höhle des Antonius gewesen zu sein, ist für die Kopten heute so wichtig wie für unsere muslimischen Schwestern und Brüder – Friede sei mit ihnen – die Wallfahrt nach Mekka.

Über den betonierten Pilgerpfad stürmen die koptischen Familien ungehindert empor zur Einsiedelei des Antonius, die Kinderschar voraus, Eltern, Ahn und Urahn hintendrein. Kaum sind sie oben angelangt, lassen die Buben alle ihre Knallfrösche und Raketen steigen. Mit endlosem Gejohle und Gekreisch.

Die Ohren habe ich mir zugehalten. Doch das Grausigste kam erst. Der Eingang zur Höhle des Antonius ist nämlich so schmal, dass immer nur einer durchkommt. Entweder hinein oder heraus. Heraus oder hinein? Das Gedränge und Gezwänge ist brutal. Vor allem: Mit Schuhen darf keiner hinein. Die Kopten sind da so streng wie die Muslime. So kommt es, dass es in der Höhle drin zum Erbrechen nach ungewaschenen Socken stinkt.

Das ist der Ort, wo Antonius der Große zuletzt gelebt hat. Wo er das Alleinsein geliebt hat. Habe ich seine Gegenwart gespürt?

Mancher mag es kennen, das gespenstische Gefühl plötzlicher Absenz beim Tod eines nahen und geliebten Menschen. Das ist das Gefühl, das mich in jener Höhle am Berg Kolzim überwältigt hat: Antonius ist nicht da.

Wo ist Antonius?

Ägypten ist doch das Land eines gigantischen Totenkultes. Die größten Grabmäler der Menschheit stehen in diesem Land. Wo ist das monumentale Grab, wo sind die christlichen Reliquien des heiligen Antonius?

Als er den Tod kommen fühlte, so berichtet Athanasius, habe er die Jünger in Kolzim zusammengerufen: »Wenn ihr mich liebt und an mich denkt wie an einen abba, dann lasst nicht zu, dass irgendwelche Leute meine Leiche hinab nach Ägypten bringen, um sie womöglich auszustellen.« Sodann wählte er zwei Brüder aus, zu denen er besonderes Vertrauen hatte. Auf das Heil ihrer Seele mussten sie schwören, seine Gebeine weit draußen in der Wüste zu verscharren und keinem je den Ort zu verraten wo. Die beiden haben ihren Schwur gehalten.

So wird im Tod noch deutlicher als im Leben, welch enorme Tabus Antonius, der Erzvater aller christlichen Singles, gebrochen hat. Im Ägypten der Pyramiden und der Königsgräber, im Ursprungsland eines maßlosen christlichen Reliquienkultes, ist Antonius der Große so anonym gestorben wie der ganz normale Single heute.

Er hinterließ keine Institution und keine Regel. Sein Grab ist unbekannt.

4. Kapitel

Lieber den Tod als die Familie: Skandal in Assisi

Ob Jesus wohl vor Freude gesungen hat, als er ausbrach aus der Heiligen Familie von Nazareth?

Überliefert ist es nicht. Glaubhaft ist es dennoch. Weil jener gesungen hat, der ihm glich wie kein Zweiter auf Erden: Franz von Assisi. »Alterum Christum« haben ihn seine Zeitgenossen genannt, »den zweiten Christus«. Gesungen hat Franziskus vor überschwänglicher Freude, als er im kalten Monat Januar 1206, im Alter von vierundzwanzig Jahren, nackt seiner Familie in Assisi entlief.

In deutschen Büchern, von Walter Dirks bis Adolf Holl, wird Franz von Assisi gern als Herz-Jesu-Marx porträtiert. Als heiliger Bannerträger der Armen und Entrechteten im Aufstand gegen die soziale Herzlosigkeit der beginnenden Geldwirtschaft im 13. Jahrhundert. Das ist politisch schön gefühlt. Oder als Herz-Jesu-Rousseau: als Wortführer im Kampf aller guten Menschen gegen »die Gesellschaft«. Das ist politisch noch schöner gefühlt.

Aber es ist nicht wahr.

Franz ist immerhin vierundvierzig Jahre alt geworden und sein Lebenslauf war bewegt. Doch nur ein einziges Mal in all den Jahren hat er Revolution gemacht. Da allerdings hat dieser zweite Christus genau die gleiche Revolution gemacht wie der erste. Die einzig radikale Revolution. Mit seiner Familie hat Franziskus gebrochen. So spektakulär als möglich.

»Tutta Assisi«, die gesamte Bevölkerung von Assisi, schreibt der Franziskaner Bonaventura, sei zusammengelaufen auf der Piazza Santa Maria Maggiore, um diese Sensation zu erleben: den totalen Streit zwischen dem Tuchhändler Bernardone und seinem Sohn Francesco.

Als Gerichtsherr, mit Mitra und Krummstab feierlich geschmückt, sitzt vor dem Portal seines Palazzos Bischof Guido von Assisi. Das ist erstaunlich. Vater Bernardone hat seinen widerspenstigen Sohn nämlich gar nicht vor dem Bischof verklagt, sondern vor den Konsuln, den städtischen Behörden im Palazzo Communale. Wegen Ungehorsams und Diebstahls begangen am eigenen Vater. Auf Dergleichen standen schwere Strafen. Warum sitzt jetzt plötzlich der Bischof über Vater und Sohn zu Gericht?

In seinem masslosen Zorn hatte Papa Bernardone eines nicht bedacht. Wohl hatte ihm sein Sohn einen teuren Ballen Tuch sowie ein Pferd gestohlen. Aber für wen hatte er denn gestohlen? Nicht für sich selbst. Und nicht, wie alle Christenheit heute gern glauben möchte, für die Armen. Für die schon gar nicht. Der junge Revolutionär Francesco Bernardone hatte gestohlen für die katholische Kirche! Das ist das Gegenteil.

Den Ballen Tuch samt Pferd hatte Franz wohl verkauft, das Geld aber nicht behalten, sondern dem Priester Pietro gebracht, hinab in jenes Kirchlein von San Damiano, wo Jesus kurz zuvor vom Kruzifix herab zu ihm gesprochen hatte: »Franz, siehst du nicht, wie mein Haus zerfällt? Geh und stelle es wieder her!«

Das Kirchlein von San Damiano renovieren, nichts anderes wollte Franz mit dem Geld, das er seinem Vater gestohlen hatte.

Gewiss ein schönes, aber nach meiner Meinung kein sozialrevolutionäres Unterfangen.

Aus klammer Angst vor dem alten Bernardone wollte der Priester das Geld gar nicht annehmen. Immerhin sah er, dass der junge Bernardone vor dem alten noch viel mehr Angst hatte als er selbst. Aus lauter Mitleid wies er ihm ein sicheres Versteck zu.

»Einen ganzen Monat lang«, fährt Ceprano fort, »hielt er sich da verborgen. Nur jemand aus dem väterlichen Hause wusste um sein Versteck, und zuweilen wurde ihm dorthin in aller Heimlichkeit die nötige Nahrung gebracht.«

Wenn es uns kein gesunder italienischer Menschenverstand sagt, dann sagen es uns italienische Historiker: Dieser »Jemand« war niemand anders als Mamma Pica Bernardone. Dass Papa Bernardone trotzdem einen ganzen Monat brauchte, um das Versteck seines verlorenen Sohnes ausfindig zu machen, zeugt nicht von großem detektivischem Spürsinn. Größer als seine Intelligenz war dann aber sein Zorn:

»Jetzt war es mit aller bisherigen Mässigung vorbei. Wie der Wolf sich auf das Lamm stürzt, mit finsterem, wütendem Blick, packte er Franz schonungslos und schleppte ihn nach Hause. Dort schloss er ihn einige Tage ein in ein finsteres Verlies.«

Und Mamma Pica?

»Nach einiger Zeit musste der Vater wegen eines dringenden Geschäftes von Hause verreisen. Die Mutter, die mit dem Sohn allein zurückblieb und ohnehin mit dem Vorgehen des Gatten nicht einverstanden war, sprach ihrem Franz mit liebreichen Worten zu. Und da sie erkannte, dass sie ihn nicht von seinem Entschluss abbringen konnte, fühlte das mütterliche Herz Erbarmen mit ihm. Sie löste ihm die Fesseln und ließ ihn frei.«

Vom Sohn bestohlen, von der Frau hintergangen, begeht der alte Bernardone jetzt den schlimmsten Fehler, den ein Familienvater in solch auswegloser Lage begehen kann: Er wendet sich an die Behörden. Bei den Konsuln – bei den Stadtvätern – verklagt er seinen Sohn.

Der hatte inzwischen im Kirchlein von San Damiano mit dem Renovieren angefangen. Jedenfalls erschien dort der Büttel und verlas ihm die Vorladung vor das städtische Gericht. Statt gehorsam mitzukommen, erklärte Franz frech, er sei »nicht verpflichtet, den Ratsherren Folge zu leisten, da er in den Dienst Gottes des Allerhöchsten getreten sei«.

Frech war das, aber zugleich kirchenjuristisch raffiniert. Sowohl der Kaiser (anno 1018) als auch der Papst (anno 1198), beide hatten dem Bischof von Assisi das Privileg verliehen, über alle »dimoranti«, alle Bewohner kirchlicher Häuser, selber zu Gericht zu sitzen. Anstelle städtischer Richter. Indem er sich einen Monat lang in dem Verschlag hinter dem Kirchlein von San Damiano versteckt hatte, war Franz juristisch zum »dimorante« des Bischofs geworden. Kirchliche Gerichte aber waren ungleich milder als weltliche. Bischof Guido von Assisi musste, im Angesicht von tutta Assisi, auf den Richterstuhl vor Santa Maria Maggiore.

Wenn Bischöfen etwas furchtbar peinlich ist, verfallen sie gern in Begütigung. Bischof Guido von Assisi kam ein besonders gütiger Gedanke. Vor der versammelten Stadtbevölkerung gab er seine Absicht bekannt, nicht zu richten, sondern lieber zu versöhnen. Sagt, gibt es etwas Rührenderes als dies? Vor versammelter Stadt versöhnt ein Bischof Vater und Sohn.

»Francesco, dein Vater ist aufs Äußerste gegen dich aufgebracht und gar sehr erzürnt. Willst du also Gott dienen, so gib ihm das Geld, das du hast, heraus! Und hat er einmal sein Geld zurückerhalten, so wird sich sein Zorn besänftigen.«

Was bleibt Franz jetzt zu tun?

Mindestens ebenso wie die Predigt ist das Schauspiel eine genuine Ausdrucksform der Religion. So haben manche in Franz von Assisi einen genialen Schauspieler gesehen, fähig, mit der ganzen eigenen Person der Welt noch einmal vorzustellen, wer Jesus Christus war. Wie anders ist es zu erklären, dass er, der »zweite Christus«, am Ende seines Lebens sogar die Wundmale Jesu Christi am eigenen Leib trug?

War er der vollkommene Schauspieler? Eins war Franziskus jedenfalls in diesem schicksalhaften Augenblick der Religionsgeschichte: der perfekte Regisseur. In einem Spektakel vor der ganzen Stadt hatte der Vater den bösen Sohn der Familie wieder unterwerfen wollen. In einem Spektakel vor der ganzen Stadt hatte Monsignore Guido sich aufspielen wollen als der große Familien-Conciliator. Scheinbar dem Vater, scheinbar dem Bischof zu Willen, übernimmt Franziskus blitzschnell die Regie über das Drama. Das väterliche, das bischöfliche Szenario dreht er um ins radikale Gegenteil: keine Versöhnung, keine Unterwerfung, sondern der endgültige Bruch mit der Familie.

Vor ganz Assisi zieht Franz sich aus. Der erste Bericht des Thomas von Celano präzisiert: »Nicht einmal die Unterhose behielt er an.« Splitternackt wirft er all seine Kleider dem väterlichen Tuchhändler hin. Legt, was vom väterlichen Geld übrig ist, noch oben drauf. Dann wendet er sich an tutta Assisi:

»Hört alle zu und versteht es wohl! Bis jetzt nannte ich Pietro Bernardone meinen Vater. Weil ich mir aber jetzt vornehme, Gott zu dienen, gebe ich ihm das Geld zurück, für das er sich so aufgeregt hat, nebst allen Kleidern, die ich aus seinem Eigentum besitze. Und von jetzt an will ich sagen ›Vater unser im Himmel‹ – nicht mehr ›Vater Bernardone‹!«

Nachfolge Christi!

Ich kann mir nicht vorstellen, dass Franz diese Szene geplant hat. Zu ekstatisch ist sein Abgang. Zu ursprünglich das Drama der Befreiung.

Kein psychoanalytisch gebildetes Gehirn könnte sich etwas so Kräftiges ausdenken: Nackt wie ein neugeborenes Kind stellt sich der Sohn vor den Vater, den Tuchhändler, um ein neues, ganz anderes Leben zu beginnen. Und splitternackt rennt er davon, erfüllt von jenem triumphalen Gefühl, das die Alte Liturgie kongenial zu besingen wusste:

»cantat, saltat gallice – er singt, er tanzt wie ein Franzose.«

Warum wie ein Franzose? Weil die Katharsis von Bernardone junior eine Vorgeschichte hat. Bernardone senior, auch er, hat einmal von einem Leben in Freiheit geträumt.

Es ist ja nicht wahr, was politisch beflissene deutsche Biographen dem alten Bernardone andichten: dass er eine Art Oberkapitalist von Assisi gewesen sei, Herr über ein Imperium von Geschäften, Häusern und Werkstätten. Italienische Forschungen bestätigen heute die ungleich bescheidenere Intuition des Engländers G. K. Chesterton in seiner klassischen Franziskus-Biographie: Die Bernardones waren ein italienischer Familienbetrieb, wie er zeitloser nicht sein konnte: Unten im Haus der Laden, dahinter das Tuchlager, darüber die Wohnräume. So wie Jahrhunderte danach unzählige Italiener in der Schweiz ihr Maurergeschäft, in Deutschland ihr Restaurant aufbauen werden, so war es bei Vater Bernardone. Kein Kapitalismus, sondern rastlose Arbeit. Und es war der Betrieb die Familie, und es war die Familie der Betrieb.

Doch da war ein Moment der Freiheit.

Einmal im Jahr fuhr Bernardone nach Frankreich. Auf den Messen der Champagne kaufte er flandrische Stoffe ein. Frankreich, das war das Land der Lieder, der Troubadoure. War er einmal dort, so blieb Bernardone manchmal länger weg als nötig und war, wenn er zurückkam, bester Laune.

Im Jahr 1181 blieb Bernardone besonders lange weg – so lange, dass er nicht einmal da war, als seine Frau niederkam. Als er dann noch länger wegblieb, entschloss sich Mamma Pica, mit der Taufe nicht länger zu warten. Und sie gab dem Kleinen den Namen Giovanni. Doch dem Papa, der so beschwingt wie immer aus Frankreich heimkam, gefiel der allzu kommune Name nicht. Wohl zur Erinnerung an schöne Erlebnisse in der Champagne rief er das Büblein »Francesco« – »Mein kleines Französlein«.

Es gibt so etwas wie die Pubertät. Über sie wird viel gegrinst. Dabei ist die Pubertät im Leben der allermeisten Menschen der einzige Moment, in dem sie von etwas anderem träumen als von banaler Anpassung. Bei Franz von Assisi hat die Pubertät besonders lang gedauert. Eben bis zu jenem Auftritt vor dem Bischof.

Und es war bei ihm wie bei den meisten andern auch: Noch in der Auflehnung war er der Sohn seines Vaters. Französische Tänze, französische Lieder, nichts anderes hatte Bernardones Francesco im Kopf.

Assisi ist eine kleine Stadt. Nächtens anderen Teens und Twens zur Klampfe französische Lieder vorsingen, als Kleinstadt-Troubadour, das kann man eine Weile, ewigs aber nicht. Doch da war, früh in die Seele des pubertierenden Sohnes gelegt, eine zweite väterliche Phantasie.

Aufsteigen! Nicht immer Kaufmann bleiben! Ritter werden! Vom Vater so prächtig ausgerüstet, als wäre er schon Ritter, ritt der junge Bernardone in den Krieg gegen die Nachbarstadt Perugia. Vom Vater noch einmal so prächtig aufs Pferd gesetzt, versuchte er, sich als Kreuzritter einzuschiffen. Und kam beide Male zu Fuß zurück. Bis auf die Knochen blamiert.

»En l'an trentième de mon âge«, so geht das französische Lied, »que toutes mes hontes j'eus bues« – »Als ich dreißig war, getränkt mit allem Spott und aller Schande.« Italiener können noch besser spotten als Franzosen. Mit vierundzwanzig war Franziskus das Gespött von Assisi. Diese äußerste Schande hat er gebraucht. Nur so konnte es ihm gelingen, sich zu befreien von den Phantasien seines Vaters und zu sich selbst zu kommen:

»Alto e Glorioso Dio,
Illumina le tenebre del cuore mio.«

»Großer, herrlicher Gott,
Erleuchte mein dunkles Herz.«

So betet er vor dem Kruzifix in San Damiano. Es ist nicht bekannt, was der alte Bernardone persönlich von der Frömmigkeit hielt. Wahrscheinlich war er, wie die meisten umbrischen Kaufleute seiner Zeit, von Herzen antiklerikal gesinnt. Jedenfalls ist überliefert, dass er jetzt überzeugt war, sein betender Sohn sei krank geworden im Kopf.

Es war das Gegenteil. Franz hatte von Kirchengeschichte keine Ahnung. Aber er hatte eine geniale religiöse Witterung. Weder Vater noch Mutter noch Brüder noch Freunde, das spürte er instinktiv, konnten ihm helfen in der finsteren Verworrenheit seiner Jugend. Das konnte allein die Kirche.

Die Kirche Jesu Christi!

Im Mittelalter, zu einer Zeit, in der es, sei's im Staat, sei's im Geschäft, kein Vorwärtskommen gab und keine Sicherheit außer durch Familie, in dieser vom Familienkult besessenen Epoche war die Kirche die einzige Institution, welche unbeirrt die Erinnerung daran wachhielt, dass es zur Familie eine radikale Alternative gibt.

Die Lebensweise Jesu Christi!

Mochte der Klerus in Sünden und in Pfründen leben, mochte die Freiheit des Evangeliums sich verkehrt haben in ein starres Zölibatsgesetz, gar in einen schwindsüchtigen Keuschheitsfimmel, mochten Familienbanden schamlos hineinwirken in die Bestellung der Päpste, Bischöfe und Äbte, eines blieb in der Kirche: die Erinnerung an etwas anderes. Erinnerung ist viel. Wesenhaft gehört Erinnerung zur Religion.

Das Christentum ist nicht irgendeine Religion. Es ist die Erinnerung an Jesus Christus. Vor dem Kruzifix von San Damiano war das Licht dieser Erinnerung eingebrochen in das dunkle Leben des jungen Bernardone. Nicht wie sein Vater will er leben, nicht wie seine Brüder. Frei will er leben wie Jesus Christus. Drum springt und tanzt und singt er splitternackt vor Freude aus Assisi hinaus. Der Vater, der Bischof blicken entgeistert hinter ihm her. Ein einziger Gedanke bewegt ganz Assisi:

Wie wird das weitergehen?

Blöde Frage! Das wissen wir doch! Wir haben ja bereits hineingeschaut in die »Vita Antonii« des Athanasius von Alexandrien. Franz auch. Und alle, die lesen und schreiben konnten in Assisi ebenso. Noch im 13. Jahrhundert war »Das Leben des Antonius« das meistgelesene Buch der Christenheit.

In der Ebene unterhalb von Assisi, von der Stadt drei Kilometer entfernt, war damals noch ein Wald von immergrünen Steineichen. Dort baut der Aussteiger aus Assisi sich eine Laubhütte. Brauche ich den Rest der Geschichte überhaupt noch zu erzählen?

Nein.

Kaum ist Bruder Francesco mit seiner Laubhütte fertig, steht gleich daneben auch schon eine zweite Laubhütte. Da drin sitzt Bruder Bernardo. Die zweite Laubhütte ist noch nicht ganz fertig, da entsteht, gleich daneben, schon die dritte. Da drin sitzt Bruder Pietro.

»Als der Herr mir Brüder gab«: Mit diesen Worten beginnt Franziskus in seinem »Testament« den Rückblick auf das, was unmittelbar nach seinem Ausstieg aus der Familie los war. In plattem postmodernem Deutsch gesagt: Ein christlicher Single bleibt niemals allein.

Franz war als Erster abgehauen. Jetzt aber kam in Assisi einer nach dem andern auf die big idea. Und war sie noch so unbequem, lieber, viel lieber als ein Familienleben droben in der Stadt so eine Laubhütte unten im Wald!

Bald waren es rund um Francesco Dutzende von Laubhütten. Nicht etwa ein Franziskanerkloster, nein, eine Laubhüttenkolonie. Das ist das Gegenteil. Alle Begriffe, ja sogar die Wörter der Wüstenväter Ägyptens hatten sich in einem Jahrtausend verkehrt in ihr Gegenteil. Aus dem »monachus«, dem frei lebenden Single, war der eingemauerte und regulierte »Mönch« geworden. Hoch über all den eingemauerten und regulierten »Mönchen« war aus dem »abba« ein patriarchalisch allmächtiger »abbate«, auf Deutsch – es ist das gleiche pompös verdrehte Wort – ein »Abt«.

Im Steineichenwald unterhalb von Assisi stellt jetzt der Italiener Franziskus das Lebensideal des Ägypters Antonius wieder her, in ursprünglicher Kraft und Frische: keine Mauer, kein Gelübde, keine Regel, und schon gar kein Abt. Der Text, der später als die »originale regola di San Francesco« bezeichnet wird, ist verschollen. Aus gutem Grund. Dies war gar keine Regel. Nichts als ein paar wenige Kernsätze aus dem Evangelium habe er, schreibt Franz in seinem Testament, für die ersten Brüder als Lebensanweisung zusammengestellt. Das ist das Gegenteil eines monastischen Gesetzeswerkes.

Begeben wir uns jetzt selber einen Augenblick auf den franziskanischen Waldlehrpfad unterhalb von Assisi. Da steht die

Laubhüttenkolonie nicht einfach nur so zwischen den Steineichen, sondern, höchst bedeutungsvoll, nahe bei zwei älteren Bauwerken. Das eine ist ein Kapellchen. So klein es ist, so enorm wird der Nachruhm sein, den es Franziskus verdankt. Ihm zu Ehren werden die Spanier in Kalifornien einer der berühmtesten Städte der Welt den Namen dieses Kapellchens geben: Nuestra Señora de Los Angeles sobra la Porziuncola de Asís. Ihm zu Ehren wird Papst Pius V das winzige Heiligtum überwölben mit jener größenwahnsinnigen Basilika, durch die heute die blinden Ströme der Touristen schlurfen.

Portiuncula wurde Santa Maria degli Angeli schon damals meistens genannt und war arg zerfallen. Gerade das dürfte Franziskus angezogen haben. Mit dem Tuchhandel ist ja Schluss. Franz muss aber von etwas leben. Er braucht einen neuen Beruf. Warum nicht, statt für sie zu stehlen, für die katholische Kirche arbeiten? Zuerst renoviert er weiter in San Damiano. Das lohnt sich schon: »Der Priester, der seine Anstrengungen sah, verschaffte ihm ungeachtet seiner Armut kräftige Nahrung«, heißt es in dem zuverlässigen Bericht Cepranos. Dann renoviert er die Portiuncula-Kapelle. Dann renoviert er das Kirchlein San Pietro della Spina.

Inzwischen sind wir auf unserem franziskanischen Waldlehrpfad auf ein zweites Gebäude gestoßen. Es ist wesentlich größer und in besserem Zustand. Da unten im Wald, gleich neben der neuen Laubhüttenkolonie, steht ein Lepra-Hospiz.

Die Aussätzigen von Assisi!

Umkehr des Herzens: Noch bevor er auf der Piazza Santa Maria Maggiore vor dem Bischof und dem Vater stand, hat Franziskus sein Erlebnis christlicher Bekehrung gehabt. Unterwegs vor den Toren von Assisi, hoch zu Pferd, hörte er mit einem Mal die grausige Rassel, mit der ein Leprakranker damals jeden, der ihm entgegenkam, warnen musste. Zuvor, so bekannte er später, habe er jedes Mal, wenn er einem Aussätzigen begegnete, einen derart unüberwindlichen Ekel empfunden, dass er seinem Pferd die Sporen gab und einen weiten Umweg machte. Jetzt hielt er das Pferd an, stieg vom Sattel, ging auf den Siechen zu und umarmte ihn, als wäre er Jesus Christus in Person.

Umkehr des Herzens. Nicht den geringsten Ekel habe er in jenem Augenblick empfunden, sondern im Gegenteil eine nie gekannte »dolcezza«. Generationen von Übersetzern sind mit diesem Wort, das Franziskus so häufig gebraucht, nicht fertig geworden. Wörtlich heißt »dolcezza« »Süßigkeit«. Für das, was Franz gemeint hat, kommt wohl im Deutschen nur ein ganz anderes Wort in Frage: »dolcezza« heißt »Glück«.

Unser Wort »Aussatz« sagt alles über diese unheilbare Krankheit des Mittelalters: Die Leprosen waren ausgesetzt. Jetzt, nach der Szene vor dem Bischof war auch Franziskus ein Ausgesetzter. Nicht Bruder Bernardo, nicht Bruder Pietro, die Aussätzigen waren die Brüder seiner ersten Wahl. Zu ihnen zog es ihn hinab in den Wald von »Los Angeles«.

Aber waren die Aussätzigen auch ausgesetzt, so waren sie doch nicht ausgestoßen. Ausgesegnet waren sie. Das heißt, sie waren der Kirche überantwortet. Mit einem feierlichen Ritual, zu dem ein Requiem gehörte, eine eigentliche Totenmesse, schied damals der Priester den als aussätzig Erkannten aus der Welt der Lebendigen aus, übergab ihm seine graue Kutte, seinen breitkrempigen grauen Hut und seine Rassel. Doch wie es die Aufgabe der Kirche war, ihn auszuscheiden, so war es schon seit dem 6. Jahrhundert auch ihre eigene Aufgabe, für ihn zu sorgen.

Und es hat die Kirche für ihre Aussätzigen besser gesorgt als die bürgerliche Welt für ihre Armen. Ein perverser Missbrauch war die Folge. Das ganze Mittelalter über versuchten Bettler immer wieder, sich selber so zu verätzen, zu zerkratzen und zu verschmieren, dass sie als Aussätzige gelten und sich somit in ein Lepra-Hospiz der Kirche einschmuggeln konnten. Wer erst mal da drin war, so sagte es ein Bettler dem andern, der hatte es gut.

Franz war ein Bürgerlicher. Selbst in den Wirren seiner Jugend hat er die Arbeit hochgeschätzt. Wenige Wochen vor seinem Tod, in seinem »Testamento« wird er sich erinnern: »Ed io colle mie mani lavorava – Und ich arbeitete mit meinen Händen und will es heute noch. Und entschieden verlange ich von allen andern Brüdern, dass sie arbeiten, wie es sich gehört.«

Das Kirchlein Degli Angeli renovieren, das war, sagen wir's mal so, fromme Bastelei. Aber eine ernstere Arbeit gab es doch da unten im Wald. Aussätzige füttern, baden, pflegen, sie begraben, diese Arbeit wollte niemand gern tun. Franz wird sie tun, nicht nur in Assisi, sondern später auch an andern Orten, in Gubbio zum Beispiel. Und so seine Brüder. Geld wollten sie dafür keins. Aber ernährt hat sie diese Arbeit gut.

Die Legende will, dass Bischof Guido von Assisi dem jungen Franziskus, als er sich nackt entkleidet hatte, den eigenen Mantel um die Schulter legte. Se non è vero, è ben trovato – Auch wenn das nicht wahr ist, so stimmt es doch. Von Anfang an hat Franz sich und seine Brüder unter den Mantel der kirchlichen Ökonomie gestellt. Was immer das war, Kapitalismus war es so wenig wie das Tuchgeschäft seines Vaters. Johannes Calvin war ja noch längst nicht geboren.

Da können mir ein Walter Dirks, ein Adolf Holl vorschwatzen, was sie wollen. Franz der Kirchenrenovierer, der Aussätzigenpfleger – das ist kein verhinderter deutscher Politrevolutionär, sondern ein echter italienischer Heiliger. Um ihn war auch keine deutsche Jugendbewegung mit Klampfe und Wanderhut. Wenn junge Männer aus gutem Hause lieber Aussätzige pflegen, als ein Familienleben zu führen, dann ist das eine christliche Revolte.

In Assisi bricht die Panik aus. Keine Mutter ist da, kein Vater, der nicht seinen heranwachsenden Sohn heimlich sorgenvoll gemustert hätte: Bist du vielleicht der Nächste, der abhaut? Und es ist in Assisi, wie es in solchen Krisen immer war: Vor lauter Angst merkt keiner, dass in Wirklichkeit etwas ganz anderes droht, etwas noch Schlimmeres.

Mitternacht, die Geisterstunde. Durch das unruhig schlafende, von religiösen Albträumen geplagte Städtlein Assisi gellt in der Nacht des 28. März 1211 der Ruf des Wächters:

»Aiuto!«
»Zu Hilfe! Einbrecher sind im Haus des Favarone!
Die Totentür ist aufgebrochen!«

Wer den Schock nachempfinden will, den dieser Alarmschrei in Assisi auslöste, muss wissen, dass das Grausen vor einem Leichnam damals fast noch größer war als vor einem Aussätzigen. In ihrem Aberglauben waren die Bürger von Assisi sogar überzeugt, dass jeder Lebende, der auch nur eine Schwelle übertrete, über die zuvor ein Leichnam aus dem Haus getragen wurde, selber mit dem Fluch des Todes geschlagen sei. Außer der eigentlichen großen Tür hatten die Häuser deshalb ein zweites, ganz kleines Törchen, durch welches, wenn einer starb, der Leichnam hinausgeschoben wurde. So auch das vornehme Patrizierhaus der Familie Favarone.

Während der Haupteingang des Hauses die Nacht über sorgfältig verriegelt und bewacht war, hatte sich niemand um das Leichentürchen gekümmert. Warum auch? Welcher Spitzbube würde sich schon, um einzubrechen, den Fluch zuziehen wollen, sterben zu müssen.

Erst als sein ganzer Palazzo im Schein der Fackeln durchsucht war, erst als der Morgen über Assisi dämmerte, dämmerte auch dem alten Favarone das Unfassbare: Kein Mensch war eingebrochen in sein Haus. Jemand war ausgebrochen: Clara, seine eigene Tochter, hatte sich im Schutz der Nacht heimlich durch die Leichentür gezwängt und war geflohen aus dem streng bewachten Elternhaus.

Clara Favarone di Offreduccio! Mit achtzehn Jahren galt sie als eines der schönsten Mädchen Umbriens. Ihr Vater war adelig und reich. Schmachtende Verehrer aus den allerbesten Familien machten Clara zu Dutzenden den Hof. Sie wollte keinen. Lieber verflucht sein als heiraten. Lieber den Tod als ein Familienleben. Das war die stumme, aber unmissverständliche Botschaft, die Clara mit der aufgebrochenen Totentür ihrer Familie hinterließ.

Tausend Vorwürfe machte sich Vater Favarone. Ach hätte er seine Tochter doch besser bewacht! Ach hätte er das Unglaubliche geglaubt, das man ihm zugetragen hatte: dass Clara, seine Clara, sich heimlich treffe mit Francesco Bernardone. Mit dem Spinner da unten im Wald von Santa Maria degli Angeli.

Wenn es nur ein Spinner gewesen wäre. Aber es war ein Feind. Ein Bürgerlicher. In einem blutigen Krieg hatten sich die beiden Familien vor Kurzem noch bekämpft. Jederzeit konnte er wieder losgehen, der generationenalte Familienkrieg zwischen Adeligen und Bürgerlichen in Assisi. Wie konnte eine Favarone weglaufen zu einem Bernardone! Eine Favarone di Offreduccio von und zu Coriano!

Zu spät wurde dem alten Favarone das Drama klar, das über ihn hereingebrochen war: Romeo und Julia, nicht in Verona, sondern in Assisi, nicht als weltliche Theaterphantasie, sondern als religiöse Wirklichkeit.

Ob Clara eine Komplizin gehabt hat, als sie ausbrach durch die Totentür ihrer Familie? Wohl eher einen Komplizen. Ihr Cousin Rufino war schon unten in den Laubhütten. Sicher ist, dass alles mit Francesco abgesprochen war. Unten, wo der

Weg aus Assisi einmündete in den Wald, erwarteten sie ein paar Brüder und brachten sie in die Laubhüttensiedlung. Im nächtlichen Schein von Fackeln traten die beiden aufeinander zu:

Franziskus und Clara. Clara und Franziskus.

Rasch geht dann alles. Rasch zieht Clara ihren Schmuck aus, rasch ihre Kleider. Rasch wirft Franziskus ihr den gleichen braunen Landarbeiterrock über, den auch er trägt. Dann schneidet er ihr selber die Haare ab. Warum? Das wird sich später zeigen. Denn es ist Zeit im Verzug. Rasch bringt Franziskus Clara, vier Kilometer weiter, zu den Benediktinerinnen von San Paolo delle Badesse. In weiblicher Solidarität verrammeln die Nonnen rasch das Tor.

Hört ihr das Hufgetrappel schon?

So schnell gibt eine Familie nicht auf! Wutentbrannt, auf schnaubenden Schlachtrossen, kommen Claras Brüder angeritten. Mit Gewalt wollen sie die Schwester zurückholen. Aufbrechen wollen sie die geweihte Pforte des Benediktinerinnenklosters von San Paolo. Haben sie vor Wut den Verstand verloren?

Da tritt Clara selber aus der Klostertür. Entschlossen schaut sie ihren Brüdern in die Augen. Das Kopftuch wirft sie zurück (das christliche, nicht das muslimische). Clara ist geschoren! Entsetzt weichen die Brüder zurück.

Es ist schon erstaunlich, wie kirchenrechtlich klug Franz in Krisen vorgeht. Der Wut seines Vaters hatte er sich als dimorante des Bischofs entzogen, jetzt entzieht er Clara auf ganz ähnliche Weise der Wut ihres Vaters und ihrer Brüder: Eine Frau, die geschoren ist, gehört nicht mehr der Familie, sondern der Kirche. Den Rest der Geschichte ahnen wir. Nur der alte Favarone ahnt sie nicht.

Mitternacht, die Geisterstunde. Nicht der Schrei des Nachtwächters ist es diesmal. Einer seiner eigenen Söhne tritt verstört ans Bett des alten Favarone: »Papa!«

Was ist?

»Agnese!«

Agnese? Claras Schwester. Was, die auch?

»Mhm!«, seufzt, tonlos fast, der Sohn:

»Via!«

»Weg« ist sie. Agnese auch ist weg. Hinab ist sie nach Los Angeles. Weg zu Clara und Francesco.

Und dann, ein paar Nächte später?

»Papa!«

Was ist jetzt schon wieder?

»Beatrice!«

Claras zweite Schwester! Was?

»Mhm, Papa! Via!«

Noch ahnt Papa das Schlimmste nicht. Wir, Hand aufs Herz, auch nicht.

»Papa!«

Was um Himmels willen?

»Papa!«

Heraus mit der Sprache!

»Papa, Mamma ist weg!«

Mamma mia! Mamma Ortolana ist auch abgehauen. Weg zu ihren Töchtern, weg zum heiligen Franz.

»Via, via, via!«

In Assisi beginnt die entgeisterte Bevölkerung zu zählen. »Una cinquantina di ragazze e donne«, etwa fünfzig Mädchen und Frauen sind abgehauen. Am schlimmsten steht es um die Edelsten. Der Favarone-Clan ist um seine gesamte weibliche Hälfte amputiert.

Tut es vielleicht einer Frau noch besser als einem Mann, wenn sie dem Familienleben entrinnt?

Diese Frage sparen wir uns sorgfältig auf fürs nächste Kapitel. Jetzt möchten wir erst einmal wissen, was zwischen Franz und Clara war.

Ein Hauch von Romeo und Julia war da. Ein Hauch von großer, unsterblicher Romantik. Noch kann jeder etwas davon spüren, der die »Fioretti« liest oder jene »Volkslegende«, die sich um Franz und Clara rankt:

»Eines Tages wanderten Franz und Clara von Spello nach Assisi. Unterwegs betraten sie ein Haus, wo man ihnen auf ihre Bitte etwas Brot und Wasser gab. Aber dabei hatten sie böse Blicke auf sich gezogen, und sie mussten peinliches Geflüster mit versteckten Anspielungen und Witzen ertragen. Wortlos gingen sie weiter. Es war Winter und das Land ringsum mit Schnee bedeckt. Plötzlich sagte Franz: ›Schwester, hast du verstanden, was die Leute von uns gesagt haben?‹

Clara gab keine Antwort. Ihr Herz war wie von Zangen gepeinigt und sie spürte, wenn sie etwas sagen würde, hätte sie die Tränen nicht zurückhalten können. Da sagte Franz: ›Es ist Zeit, dass wir uns trennen. Ich werde allein gehen und dir von Weitem folgen, wie Gott mich führt.‹

Der Weg ging durch einen Wald. Auf einmal hatte Clara nicht mehr die Kraft, so ohne Trost und Hoffnung von ihm zu gehen. Sie wartete auf ihn: ›Franz, wann werden wir uns wiedersehen?‹ – ›Wenn der Sommer wiederkehrt, wenn die Rosen blühen.‹

Da geschah etwas Wunderbares. Auf einmal war ihnen, als blühten rings auf den Wacholdersträuchen und auf den gefrorenen Hecken Rosen ohne Zahl.«

Wenn die Rosen im Winter blühen ... Kann man es noch schöner sagen? Ja. Schöner noch als die »Volkslegende« sagen es die »Fioretti«:

»Eines Tages lud der selige Franz die heilige Clara zum Abendessen ein nach Santa Maria degli Angeli. ›Seit vielen Jahren‹, sagte er zu den Brüdern, ›hat sie den Ort nicht mehr gesehen, wo sie damals zu uns kam, als sie aus ihrem Elternhaus floh. Lasst sie noch einmal zu uns kommen!‹

Sie kam. Und nachdem sie aus Pietät die Wohnräume der Brüder alle besichtigt hatte, war es Zeit zu essen. Nach seiner Gewohnheit ließ Franz den Tisch auf bloßer Erde bereiten. Er selber nahm neben der seligen Clara Platz, die Brüder um sie herum.

Es geschah aber schon beim ersten Gang, dass Franz und Clara anfingen, von Gott zu reden, auf so himmlische Art, dass alle von göttlicher Gnade überströmt waren. Keiner dachte mehr an die Mahlzeit. Die Augen und Hände zum Himmel erhoben, saßen sie da in göttlicher Verzückung.

In diesem Augenblick entstand oben in der Stadt eine gewaltige Aufregung. Ganz Assisi starrte hinunter nach Santa Maria degli Angeli. Ganz Assisi sah, wie die Kapelle mit der Wohnung der Brüder samt dem Wald aufloderte in einem gewaltigen Flammenschein.

Da rannten alle hinunter, um beim Löschen zu helfen. Wie staunten sie aber alle, als sie den Ort unversehrt vorfanden. Und als sie eintraten, fanden sie den seligen Franz mit Sancta Clara am Tisch der Armut, hingerissen in seliger Ekstase.

Und hoch erbaut und hoch erfreut zogen die Leute von dannen.«

Wenn die Rosen im Winter blühen und der Wald auflodert in der Ekstase, dann wollen wir nicht so schnell von dannen ziehen. Was war es denn nun wirklich, was Clara unwiderstehlich hingezogen hat zu Franz?

Franziskus war kein besonders schöner Mann. In der außerordentlich präzisen Beschreibung seiner körperlichen Erscheinung, die uns sein Gefährte Thomas von Celano hinterlassen hat, kommt eben dieser Ausdruck dreimal hintereinander vor:

»nicht besonders«. Papst Innozenz III, der Franziskus gewogen war, setzt noch eins drauf: »ein nicht besonders großer und unansehnlicher Mann«.

An diesem so ganz gewöhnlichen, ja unansehnlichen Mann war dennoch eines extraordinär: die Stimme. Ob er sang oder sprach, »gewinnend«, »feurig«, »mächtig«, »lieblich«, »klar« und »wohlklingend« sei seine Stimme, schreibt Thomas von Celano. Und zu der Stimme hinzu ein zweites Faszinosum. Das war die Art, wie Franziskus auf Menschen zuging. Er selber hatte dafür ein altfranzösisches Wort: »courtoisie«. Unvergleichlich mehr als unsere schale »Höflichkeit« war das. Courtoisie war königliche Höflichkeit. Für Franz war sie alles. Courtoisie war sein Charakter und seine Romantik, sie war seine Revolution und seine Religion.

Courtoisie war es, wenn er den Aussätzigen umarmte, courtoisie, wenn er den Bettler behandelte, als wäre er ein König. Courtoisie war es, wenn er dem mächtigsten Papst aller Zeiten, Innozenz III, die königliche Ehre erwies, mit ihm umzugehen wie mit einem Aussätzigen, einem Bettler.

Wer sonst nichts weiß von Franziskus, der hat wenigstens gehört, dass er den Vögeln gepredigt hat. Und dass Papst Johannes Paul II ihn zum Patron des Umweltschutzes ernannt hat. Ist er das?

Er ist es und er ist es nicht. Kein biobio hatte Franz im Kopf und erst recht keine herablassende Betreuung, sondern etwas Besseres: Courtoisie. Als wäre er ein Bettler, als wäre er ein Papst, so hat er jeden Esel behandelt. Courtoisie im Umgang mit den Tieren: Sie hat jene, die Franziskus erlebt haben, in Begeisterung versetzt. Begeisterung heißt auf Lateinisch Inspiration. Inspiration zu wunderbaren Legenden.

Als er aufbrach aus Assisi, kam Franz zuerst nach Gubbio. Die Stadt war ganz verstört. Ein bösartiger Wolf machte Wege und Stege um Gubbio so unsicher, dass niemand mehr sich aus der Stadt getraute. »Ich will mit dem Wolf reden«, sagte Franz. Während er hinausging vor das Tor, stürmte tutta Gubbio auf die Mauern, Zinnen und Türme der Stadt. Alle wollten sie das Spektakel erleben, wie der Wolf den heiligen Franziskus verschlang.

Schon kam der Wolf angerannt. Mit offenem Rachen, als wolle er Franziskus verschlingen. Franz blieb stehen und wartete. Verdutzt blieb auch der Wolf vor ihm stehen. Das hatte er noch nicht erlebt, dass einer einfach vor ihm stehen blieb.

»Bruder Wolf«, sagte Franziskus, »wie kannst du den Menschen hier solche Angst machen! Du darfst nicht Menschen anfallen. Was du getan hast, war sehr böse, Bruder Wolf. Ich möchte, dass du das nicht mehr tust!« Der Wolf senkte den Kopf. »Versprich mir, dass du damit aufhörst!« Der Wolf gab Franziskus die Pfote. Franziskus fuhr fort: »Ich weiß, Bruder Wolf, dass du nur böse warst, weil du Hunger hattest. Du hast aber auch ein Recht, gut zu leben. Komm mit in die Stadt!«

Die Bürgerinnen und Bürger von Assisi trauten ihren Augen nicht, als Franziskus mit dem Wolf zu ihnen kam: »Das ist unser Bruder Wolf. Er will Frieden mit euch schließen. Er hat das alles nicht getan, weil er böse ist, sondern weil er Hunger hatte. Gebt Bruder Wolf täglich zu fressen und er wird euch nichts mehr tun.« Und sie versprachen es.

Der Wolf von Gubbio hat noch einige Jahre gelebt. Zum Schluss war er so zahm, dass die Kinder mit ihm spielten. Und als er starb, waren alle in Gubbio traurig. Sie hatten einen Bruder verloren.

Das war die wundersame Zeit des heiligen Franziskus. Die Zeit, als die Rosen im Winter blühten. Lang schon sind sie verblüht.

In der Wüste Ägyptens sind wir zuerst auf dieses Eherne Gesetz gestoßen: Keine der großen Erneuerungsbewegungen im Christentum blieb länger als zwei Generationen vor dem Niedergang bewahrt, vor Erstarrung oder Verwahrlosung. Bei den Franziskanern war es die Erstarrung und sie kam noch schneller. Schon in der ersten Generation, schon zu den Lebzeiten von Franziskus selbst, begann seine Gemeinschaft, sich ins Gegenteil zu verkehren.

Eben jene Institution, die ihm den Ausstieg aus der Familie überhaupt erst ermöglicht hatte, die katholische Kirche, wurde ihm jetzt zum Verhängnis.

Franziskus hatte überhaupt keinen Orden gewollt, sondern eine lockere, ungebundene Gemeinschaft, in die jeder eintreten, aus der er aber auch frei austreten konnte, wenn er wollte. Keine Regel und keine Gelübde hatte er gewollt, vielmehr, statt einer Regel, für alle Brüder gültig, ein paar wesentliche Sätze aus dem Evangelium. Er ist noch gar nicht unter der Erde, da erlässt Papst Honorius schon die – nomen est omen – Bullierte Regel von 1223. Sie macht aus den Franziskanern einen veritablen Mönchsorden, mit Noviziat und mit strikten Gelübden, nach denen lebenslang, unter Androhung der Todsünde, niemand mehr austreten darf.

Am schlimmsten erging es den Schwestern. Allesamt wurden sie eingemauert (»klaustriert«), jede Gemeinschaft bekam gar eine veritable »Äbtissin« vorgesetzt.

Keine Mönchskutte hatte Franziskus für sich und seine Brüder gewollt, sondern den ganz gewöhnlichen, knielangen groben braunen Arbeitsrock der Tagelöhner in Umbrien. Jetzt wurde dieser Rock unmerklich länger, knöchellang sogar, die Kapuze unmerklich spitzer, bis schon wieder, reibt euch nur die Augen, die veritable Mönchskutte, benediktinisch ehrwürdig, fertig war.

Franz hatte etwas gegen Bücher: »Hast du einmal einen Psalter«, sagte er zu einem neuen Bruder, »dann wirst du keine Ruhe geben, bis man dir ein ganzes Brevier bewilligt. Sobald du aber das Brevier hast, wirst du dich auf einen Sessel setzen und deinem Mitbruder befehlen: ›Bring mir mein Brevier‹.« Jetzt aber begannen die ehrgeizigsten Brüder schon, Antonius von Padua nacheifernd, nach glorreichen Lehrstühlen an Universitäten wie Paris, Oxford und Bologna zu schielen.

»Kein Bruder soll eine Machtstellung oder ein Herrscheramt innehaben«, so hatte es Franz selber gewollt. Jetzt, im Jahr 1221, setzte sich anstelle von Franziskus als »Generalminister« Bruder Elias von Cortona durch, und von da an hieß es: »Alle Brüder sollen streng gehalten sein, ihm (dem Generalminister) zu gehorchen.« Es ist dieser Elias, der die immens teure Basilika in Assisi bauen wird.

Franz war ratlos. So verwirrt und hilflos war er wieder wie damals in seiner Jugend in Assisi. Wie einst Antonius auf den Berg Kolzim zog er sich in die Einsamkeit zurück.

Das war im späten Sommer des Jahres 1224 auf dem Berg Alverna. Als Franziskus vom Berg wieder herunterkam, waren die Brüder von seinem Anblick entsetzt. Er taumelte. Aus seinen Händen, aus den Füßen und aus der Seite troff das Blut. Seine Augen, ohnehin schon lange krank, waren erblindet von der Vision des gekreuzigten Seraphs, der ihm die Wundmale Jesu Christi zugefügt hatte.

Zu einem Arzt nach Rieti wollten ihn die Brüder bringen. Doch unterwegs wurde es spät. So beschlossen sie, haltzumachen und in San Damiano zu übernachten. Dort hatte der Gekreuzigte zum ersten Mal zu Franziskus gesprochen, dort wohnte Clara mit ihren Schwestern.

Aber Franz lehnte ab. Er brauche kein Haus und kein Bett. Da bauten ihm Clara und die Schwestern draußen im Garten eine Laubhütte, so wie er sie ganz am Anfang, nach seiner Flucht aus Assisi, selber bei Santa Maria degli Angeli errichtet hatte. Furchtbare Schmerzen soll Franz in jener Nacht gelitten haben.

Doch als er spürte, dass die Sonne aufging, trat der Erblindete vor die Laubhütte und begann zu singen:

»Laudato si, mi Signore,
Cum tucte le Tue creature.«

Der Sonnengesang des heiligen Franziskus!

Im Garten der heiligen Clara, ihr zuliebe, singt der blinde Franziskus das Lob der Sonne und aller Geschöpfe. Dies ist das schönste Lied, das je ein Christ gesungen hat. Schön ist es noch in der Fassung, an der zweifellos, so wie sie auf uns gekommen ist, kleinere Geister theologisch korrekt herumgefingert haben, schön noch in der Übersetzung aus dem alten umbrischen Italienisch in unser blass gewordenes Deutsch. Doch nicht um der Schönheit willen sei dieses Gebet hier fast ganz wiedergegeben. »Inhaltsanalyse« heißt die trockenste aller Sparten der Soziologie. Bestimmte Wörter, die auffällig wiederkehren, werden da gezählt und analysiert. Sie seien hier kursiv gesetzt:

»Gelobt seist du, mein Gott,
Mit allen deinen Geschöpfen
Vor allem mit Frau *Schwester* Sonne,
Die uns den Tag heraufführt
Und uns das Licht, die strahlend Schöne, spendet.
Dein Gleichnis, Erhabener, ist sie.

Gelobt seist du, mein Gott,
Durch *Bruder* Mond und durch die Sterne.
Durch dich leuchten sie am Himmel
Köstlich und schön.

Gelobt seist du, mein Gott,
Durch *Bruder* Wind, Luft, Wolke,

Heiteres und düsteres Wetter,
Durch die du deinen Geschöpfen
Leben verleihst.

Gelobt seist du, mein Gott,
Durch das *schwesterliche* Wasser
Nützlich ist es in seiner Demut und keusch.

Gelobt seist du, mein Gott,
Durch *Bruder* Feuer,
Durch den du uns die Nacht erleuchtest.
Schön und lustig lodert er,
Mächtig ist er und stark.

Gelobt seist du, mein Gott,
Durch unsere *Schwester Mutter* Erde,
Die uns erhält und lenkt.
Früchte bringt sie hervor,
Farbige Blumen und das Gras.

Gelobt seist du, mein Gott, durch jene,
Die um deiner Liebe willen
Unrecht verzeihen, Schmerzen ertragen.
Selig, die in Frieden überwinden,
Du, Erhabener, wirst sie bekränzen.

Gelobt seist du, mein Gott,
Durch unseren *Bruder*, den leiblichen Tod ...«

Statt weiter zu übersetzen, möchte ich lieber den Spätgeborenen an den Ohren ziehen, der aus dem poetisch großartigen »Bruder Tod« einen kleinkarierten, aber theologisch korrekten »Bruder leiblichen Tod« gemacht hat. Doch darum geht es hier nicht. Es geht um die ungeheure Weitung des Empfindens in diesem Gedicht. Menschen, Tiere, Pflanzen hat Franziskus schon vorher als seine Brüder und Schwestern bezeichnet. Jetzt aber, in Claras Garten, streckt der Blinde die Arme empor zum Firmament. Die Sonne wird seine Schwester, Mond und Sterne werden unsere Brüder. Mit allem, was auf Erden lebt.

»Schwester« und »Bruder« sind eigentlich Begriffe des Familienlebens. Im Sonnengesang des Franziskus aber machen sie das, was Friedrich Engels einen Qualitäts-Sprung nennt. Ein bisschen christlicher gesagt: Der Umkehr des Herzens folgt die Umkehr der Begriffe. Nicht was ihm nahesteht, nicht was eng zu ihm gehört, ist jetzt für Franziskus Familie, sondern im Gegenteil alles, was das Herz befreit, was er frei wählt und was weit hinausführt aus allen ursprünglichen Bindungen. Selbst die Sonne spricht er jetzt mit »Monsieur le frère« an: »messor lo frate sole«. Courtoisie, sein Stilprinzip im Umgang mit Menschen und mit Tieren, teilt sich in diesem Gesang dem ganzen Universum mit.

Mit dem Sonnengesang des Franziskus, sagen manche, ende das Mittelalter und beginne das Naturverständnis der Renaissance. Etwas Dümmeres ist kaum denkbar. Man vergegenwärtige sich nur Galileo Galilei auf dem Campanile in Venedig. Wie er mit seinem Fernrohr größenwahnsinnig in alle Himmelsrichtungen fuchtelt, vor staunenden Feldherren und Staatsmännern. Nichts wird die Natur für einen Galilei mehr sein als totes Objekt, ihm ausgeliefert für seinen Machtwahn und seine Macherallüren.

Franz ist das Gegenteil. Natürlich geht mit ihm das Mittelalter zu Ende. Doch was kündigt sein Sonnengesang an?

Vielleicht nur eines. Vielleicht nur Ihn. Als er dieses Gedicht schuf, trug Franz von Assisi die Wundmale Jesu Christi.

Was das Lebensgefühl Jesu Christi war, ist aus den Evangelien kaum erschließbar. Wie aber, wenn Franz wirklich ein Genie des religiösen Schauspiels war, gesendet, uns noch einmal in Person vorzustellen, wer der »erste Christus« war? Die ganze Welt hat der Sohn Gottes geliebt. Sein Lebensgefühl muss grandios gewesen sein.

Es ist jetzt Zeit, ernüchternd darauf hinzuweisen, dass bei Franz das Gleiche fehlt wie bei Jesus. Nirgends dankt er Gott für jene, die ihm das Leben geschenkt und die ihn aufgezogen haben. Familie Bernardone kommt im Sonnengesang nicht vor.

Jenes Glücksgefühl kosmischer Brüderlichkeit hatte Franziskus zum ersten Mal in dem Augenblick überwältigt, als er, nackt wie ein Neugeborener, vor den Augen der ganzen Stadt sich selbst von seiner Familie entband. Für die brüderliche Weitung und Öffnung hin zur gesamten Welt blieb diese Abnabelung von der Ursprungsfamilie bis zum Tod die bittere conditio sine qua non.

Mehrfach ist Franz zurückgekommen nach Assisi. Gewohnt hat er dann bei seinen Brüdern unten im Wald. Ins Elternhaus zurückgegangen ist er nie mehr. Nicht zu Vater und Mutter zurück und nicht zurück zu seinem Bruder.

Zu seinem Bruder?

Franz von Assisi, der alle Menschen, ja selbst die Tiere und die Sterne seine Brüder nannte, hat tatsächlich einen leiblichen Bruder gehabt. Sogar von zwei Brüdern ist gelegentlich die Rede. Doch nur einer wird mit Namen genannt. Angelo hat er geheißen. Nichts erfahren wir von ihm als dies: Wenn Francesco später auf seinen Wanderungen durch Umbrien nach Assisi kam, um auch dort auf Straßen und Plätzen zu predigen, dann lief sein Bruder Angelo hinter ihm her, um ihn vor den Leuten zu verspotten.

Das ist alles. Mehr wird über Angelo nicht erzählt. Vielleicht, weil es wirklich nicht mehr über ihn zu erzählen gibt. Anstelle seines entlaufenen älteren Bruders hat er wohl den Familienbetrieb in Assisi übernommen. Hat im oberen Stock des elterlichen Hauses gewohnt und Kinder gezeugt. Hat im unteren Stock Tücher gestapelt und verkauft. Ist wie sein Vater einmal im Jahr in die Champagne gereist und hat dort, fern dem gottverdammten Familienbetrieb von Assisi, einen Augenblick der Freiheit und des Glücks erlebt.

5. Kapitel

Skandal in Neapel, Skandal in Siena, Skandal in Avila

»Im Wort Familienbande steckt ein Kern von Wahrheit.«

So gern dieser Satz von Karl Kraus zitiert wird, eines bleibt unbeachtet: Karl Kraus war kein lauter neudeutscher Talker, sondern ein Meister des altösterreichischen Understatements. Wenn er leise einen »Kern von Wahrheit« antönt, dann denkt er sich die uneingeschränkte, die ganze Wahrheit. Jene brutale Wahrheit gibt er zu bedenken, die sich besonders gut bei edlen Familien beobachten lässt. Ganz leicht kann es geschehen, dass so eine hochnoble Familie sich benimmt wie eine vulgäre Rotte von Banditen.

Wann?

Aber das wissen wir doch schon: Wenn einer aus der Familienbande ausbrechen will, um Jesus Christus nachzufolgen. Ganz allein.

Es ist ein linder Maientag im Jahr 1244. An der Straße, die von Rom nach Mailand führt, lauert eine der edelsten Familien aus dem Königreich Neapel, verstärkt durch ein paar Kriegsknechte, waffenstarrend hinterm Strauch. Wen will diese edle Familie brutal überfallen?

Ihren eigenen jüngsten Sohn: Thomas von Aquin.

Es kommt in den besten Familien vor, dass einer geboren wird, der anders ist. Eine Kriegerfamilie waren die Herren von Aquin, Nachkommen langobardischer und normannischer Eroberer. So wie sie auf ihrer Burg Roccasecca bei Neapel saßen – »Roccasecca« heißt »Trockenfels« –, waren sie durchaus vergleichbar den heutigen Warlords im Jemen oder in Afghanistan. Der jüngste Sohn aber war das Gegenteil all seiner Väter und Brüder: Thomas von Aquin war intelligent.

Von so überragender Intelligenz war Thomas von Aquin, dass er mit neunzehn nur eines im Sinn hatte: ausbrechen aus seiner dumpfbackigen Familie, Jesus nachfolgen – aus lauter Intelligenz.

Wäre Thomas einfach nur fromm gewesen, so hätte er mit seiner Familie keinen Streit bekommen, im Gegenteil. Er war ja der jüngste Sohn und somit für den Klerus bestimmt. Aber nicht für irgendeinen Klerus. Abt von Montecassino sollte er werden. Das war, nahe bei Burg Roccasecca, die mächtige Mutterabtei aller Benediktiner. Ganz im Dienst der Machtpolitik der Familie von Aquin sollte Thomas dereinst über alle Besitztümer dieser kolossalen Abtei herrschen. Lebenslänglich als Abt. So allmächtig und so imposant wie zuvor sein Onkel Sinibaldo.

Werden wie Onkel Sinibaldo?

Der junge Thomas kannte die Abtei Montecassino. Zur Vorbereitung auf seine vorbestimmte Karriere hatte Familie von Aquin ihn dort als Knaben in die Klosterschule gesteckt. Unter dem Krummstab von Onkel Sinibaldo. Werden wie dieser omnipotent regierende Onkel? Dem intelligenten jungen Neapolitaner standen die Haare zu Berge.

Nicht dass Onkel Sinibaldo nicht fromm gewesen wäre. Benediktineräbte sind fast immer fromm. Aber es gibt in der Religion nicht nur die Frömmigkeit. Es gibt auch, weniger beachtet, so etwas wie religiöse Intelligenz. Thomas von Aquin war ein junger Mann von überragender Intelligenz. Mit der ganzen Leidenschaft der Jugend war er auf der Suche nach religiöser Intelligenz. An der Universität Neapel sollte er sie kennenlernen:

Die Dominikaner!

Fast gleichzeitig wie der Italiener Franziskus in Assisi hatte der Spanier Dominikus in Toulouse Brüder um sich geschart. Mit dem gleichen Ideal christlicher Ursprünglichkeit und evangelischer Armut. Wie Zwillinge glichen sich die beiden Orden. Anders als Franziskus steckte allerdings Dominikus seine Brüder nicht in den schlichten braunen Rock umbrischer Tagelöhner, sondern in die elegante weiße Robe spanischer Chorherren. Mit einem noch eleganteren schwarzen Chorherren-Mantel.

Nicht nur die Farbe war anders. Die Franziskaner hatten es, wie Franz selber, mit der Liebe und waren deshalb – wie jeder, der Liebe verkündet – sehr beliebt. Die Dominikaner hatten es weniger mit der Liebe und waren deshalb weniger beliebt. Dafür hatten sie es mit der Intelligenz. Ein paar Monate erst hatte Dominikus 1215 in Toulouse seinen Orden gegründet, da jagte er seine Brüder auch schon alle wieder weg. Die einen nach Paris, die andern nach Bologna. Das waren die beiden besten Universitäten jener Zeit. Was hatte der Ordensgründer im Sinn?

Die Menschheit leidet sehr am Mangel an Liebe, gewiss. Aber noch mehr leidet sie an Dummheit. Die katholische Kirche ist Teil der Menschheit. An Dummheit leidet sie sehr.

Zur Zeit des heiligen Dominikus litt sie besonders schlimm. Der ganz normale Katholik wurde geboren, lebte und starb, ohne jemals eine einzige Predigt erlebt zu haben. Predigen durften nämlich ausschließlich Bischöfe und Äbte. Die aber hatten keine Zeit dafür. Zu beschäftigt waren sie mit ihren Immobilien.

Und mehr noch, wie Abt Sinibaldo, mit Familienpolitik. Während überall in Europa die Handelsstädte und die Universitäten aufblühten, verharrte die Religion in Dummheit und Aberglauben.

Ins Mörderische gesteigert hatte sich die religiöse Dummheit da, wo Dominikus sich selber befand: im heute südfranzösischen Toulouse. Jahrzehntelang wütete dort ein Bürgerkrieg zwischen Katholiken und Katharern. Die Katharer – unser Wort »Ketzer« kommt wahrscheinlich von ihnen – glaubten, dass es in alle Ewigkeit nicht einen Gott gebe, sondern zwei: den guten Gott, der den Geist erschaffen habe, und den bösen Gott, von dem die Sexualität komme, sowie die katholische Kirche.

Ein Gott gegen zwei Götter: Der blutige Religionskrieg in der Grafschaft Toulouse dauerte so lange, bis ein französisches Kreuzritterheer angaloppiert kam und beide Parteien, die Katholiken und die Katharer, gleichermassen niedermetzelte zum Schlachtruf »Tuez-les tous, Dieu reconnaîtra les siens – Tötet alle, Gott wird die Seinen schon erkennen.«

Heute behaupten die Dominikaner, dass der heilige Dominikus, mitten in diesem Blutbad, viele Jahre ganz unschuldig gelebt habe. Ich glaube das nicht. Doch eines unterschied ihn von allen andern: die religiöse Intelligenz. Als Einziger war Dominikus intelligent genug, um zu erkennen, dass eine solche Auseinandersetzung mit Schlachtrössern niemals zu gewinnen war. Vorrangig kam es darauf an, die abgrundtiefe Ignoranz im christlichen Volk zu bekämpfen. Und er gründete einen Orden der religiösen Intelligenz.

Der Erfolg war beispiellos. In allen europäischen Universitätsstädten traten die Studenten begeistert in den neuen »Predigerorden« ein. Von Oxford bis Bologna zu Abertausenden. An der Universität Neapel war es der intelligenteste von allen Studenten: Thomas von Aquin.

Jetzt naht der casus belli.

Wie die Franziskaner galten die Dominikaner als »Bettelorden«. Bettelnd zog der 19-jährige Thomas von Aquin durch die Straßen von Neapel.

Ein Von Aquin als Bettler!

Als diese Nachricht nach Burg Roccasecca drang, geriet, ob der unerträglichen Schande, die edle Familie außer Rand und Band. Die Dominikaner von Neapel hielten es jetzt für geraten, den vielversprechenden Novizen Thomas vorsichtshalber aus dem Dunstkreis seiner rabiaten Verwandtschaft zu entfernen. Mit einer kleinen Gruppe von Ordensbrüdern begab sich Thomas eiligst auf den Weg nach Paris.

Familie von Aquin mochte dumm sein, aber doch so dumm nicht, dass ihr dies nicht alsbald zu Ohren gekommen wäre. Wutentbrannt galoppierte der ganze Clan los. Und legte sich etwas nördlich von Rom auf die Lauer: »Durch diese hohle Gasse muss er kommen.«

Und Thomas kam. Ohne Waffen und zu Fuß. Die Machtverhältnisse waren klar, das Handgemenge kurz. Während die siegreiche Familie die andern Mönche laufen ließ, fesselte sie ihren verlorenen Sohn auf ein Schlachtross. Ab ging es mit ihm ins Familiengefängnis Derer von Aquin.

Familiengefängnis? Kommt uns das nicht bekannt vor? Hat nicht auch der alte Bernardone seinen verlorenen Sohn Franziskus in ein »finsteres Verlies« gesteckt?

Noch im 20. Jahrhundert gab es bei uns auf manchen Bauernhöfen, meist im Keller, einen lichtlosen Verschlag, in dem die pädagogisch überforderte Familie unbelehrbar böse kleine Jungs von Zeit zu Zeit zur Vernunft brachte. Etwas anderes wird das im Keller von Familie Bernardone nicht gewesen sein. Nicht so jedoch bei Familie von Aquin. Die hatte – noblesse oblige – als Familiengefängnis einen regelrechten Tower.

Kaum saß Thomas im Familienturm, öffneten seine Brüder die Tür und schoben eine aufreizend knapp kostümierte Hure nach. Offensichtlich hatte diese neapolitanische Adelsfamilie den gleichen Horizont wie jede deutsche Spießerfamilie heute: »Der braucht gesunden Sex!«

Thomas von Aquin, so wird es später heißen, habe nie im Leben die Fassung verloren. Dieses eine Mal aber schon. So grob soll er gewesen sein, dass das arme Mädchen laut schreiend davonlief.

Und jetzt?

Wie häufig bei Familienkriegen wusste niemand, wie es weitergehen solle. Thomas scheint als Erster die Ruhe wiedergefunden zu haben. Im Familiengefängnis hockend begann er die Logik des Aristoteles zu studieren, ferner den Sentenzenkommentar des Petrus Lombardus – zwei Bücher, in die man sich lange versenken kann. Wenn nötig viele Jahre.

Unter diesen Umständen war es, wenn auch erst nach einem Jahr, die Familie, die zuerst die Nerven verlor. War es die Mutter, Donna Teodora?

Seit dem kürzlichen Tod von Vater Landolfo war sie das eigentliche Familienoberhaupt. Sie selbst hatte das Kidnapping nördlich von Rom angeordnet. Den Coup mit der Hure hatte sie allerdings gar nicht geschätzt. War Thomas nicht doch ihr Benjamin, ihr geliebter Jüngster?

Die eigentliche Überläuferin scheint aber die kleine Schwester – sie hieß ebenfalls Teodora – gewesen zu sein. Jedenfalls fällt auf, dass sie als Einzige aus der Familie nachher ihr Leben lang mit Thomas in enger Verbindung blieb, und dass sie Wert darauf legte, ihren eigenen ersten Sohn Thomas zu taufen. Gewiss mag es eine Ausschmückung sein, wenn die Legende schildert, wie das kleine Schwesterlein dem heiligen Thomas heimlich das Seil verschafft, an dem er sich aus dem Familientower abseilt. Dennoch dürfte sie es gewesen sein, die ihm half, aus dem Familienkerker auszubrechen.

Und jetzt nichts wie weg nach Paris!

Paris, das war das Gegenteil von Burg Roccasecca. Die größte, lebendigste Stadt Europas war das. Paris war das Gegenteil von Montecassino: Keine sakrale Festung draußen in der öden Wildnis mit einem patriarchalischen Abt als Alleinherrscher, sondern eine Universität, in der die besten Professoren, die frechsten Studenten aus ganz Europa leidenschaftlich miteinander stritten.

Mittendrin in dieser Stadt, im Studentenviertel, das neue Studienkolleg Saint-Jacques der Dominikaner. Und mitten in diesem Collegium der beste Naturforscher, der beste Theologe Europas: Albertus Magnus, ein deutscher Dominikaner. Er wird der Lehrmeister des jungen Italieners. Ihm folgt Thomas nach Köln. Als Starprofessor kehrt er schon mit achtundzwanzig nach Paris zurück. Hier steigt Thomas von Aquin auf zum umstrittensten, aber auch zum gefeiertsten Denker des Jahrhunderts und, über alle Jahrhunderte hinaus, zum größten Theologen der katholischen Kirche.

In der enormen Höhe und Weite des Denkens gleicht die »Theologische Summe« des Thomas von Aquin den gotischen Domen seines Jahrhunderts. Betrachten wir von den abertausend Bausteinen dieser intellektuellen Kathedrale nur jene drei, auf die es hier ankommt.

Zuerst die Hochschätzung der Intelligenz. Gott ist höchste Intelligenz und der Mensch wird Gottes Abbild, insofern er seine Intelligenz gebraucht. Umgekehrt sündigt der Mensch, wenn er, sei es in der Lebensführung, sei es in der Erkenntnis der Wirklichkeit, seinen Verstand ungenutzt lässt: »Ein Irrtum wird zur Sünde des Verstands«, schreibt Thomas in der Theologischen Summe, »wenn es sich um Unwissenheit oder Irrtum über etwas handelt, was einer durchaus verstehen könnte und verstehen sollte.«

Dummheit ist Sünde!

An seine dummen Brüder daheim auf Burg Trockenfels muss Thomas von Aquin gedacht haben, als er in Paris, in allen erdenklichen Formulierungen, immer wieder diesen Gedanken niederschrieb.

Erstaunlicher noch ein Zweites: Trotz der traumatischen Jugenderfahrung mit seiner sexgläubigen Familie blieb Thomas von Aquin im Urteil über die Sexualität souverän: »Auch ohne Sündenfall hätte sich das Menschengeschlecht durch Sexualität vermehrt. Andernfalls wäre ja die Sünde höchst notwendig gewesen, damit aus ihr etwas so Gutes entspringe.« Und hier der eigentliche Kernsatz seiner Sexualmoral: »Wir müssen unseren Körper mit der gleichen Liebe lieben, mit der wir Gott lieben.«

Liebe zum Körper ja. Wie aber ist es mit der Liebe zur Familie?

Da hat das Trauma von Burg Trockenfels ihn lebenslang verfolgt. Ein ganzes Buch – »Contra retrahentes« – hat er zu dem Thema geschrieben. Und immer wieder kommt er darin auf den zentralen Punkt zurück: Wenn ein junger Mensch vor der Entscheidung stehe, ob er Jesus Christus nachfolgen wolle, dann solle er sich als erste, wichtigste Massnahme, die eigenen Verwandten weit vom Leibe halten. Das nämlich seien »eher Feinde als Freunde«.

Viel grundsätzlicher noch wird er in der Theologischen Summe. Da geht es ihm nicht nur um die Nachfolge Jesu Christi, sondern um die Freiheit und Unabhängigkeit jedes einzelnen jungen Menschen. Mitten in einer Zeit, in der es selbstverständlich war, dass Eltern ihre Kinder ganz nach Familieninteresse so oder so verheiraten, in eben jener Zeit, in der eine Familie einen widerspenstigen Sohn beliebig lang im Familiengefängnis einlochen konnte, schreibt der größte Theologe der katholischen Kirche wörtlich:

»Wo es um die Natur des Körpers geht, darf sich der Mensch nicht dem Menschen unterwerfen, sondern nur Gott. Denn alle Menschen sind von Natur aus gleich. Das gilt zum Beispiel für die Erhaltung des Körpers oder die Erzeugung von Nachkommen. Wenn es etwa um den Abschluss einer Ehe oder die Bewahrung der Keuschheit oder sonst etwas Ähnliches geht, sind weder die Knechte ihren Herren noch die Kinder ihren Eltern zu Gehorsam verpflichtet.«

Während Thomas von Aquin in Paris diese – für seine Zeit revolutionäre – Familienkritik entwickelt, haben seine Ordensbrüder in Deutschland ganz andere Sorgen. Sorgen, an denen unser Herr Jesus Christus nicht ganz unschuldig ist. Wir erinnern uns an seine Verheißung:

»Wer verlässt Häuser oder Brüder oder Schwestern oder Vater oder Mutter oder Ehefrau oder Kinder oder Äcker um meines Namens willen, der bekommt es hundertfach wieder, und das ewige Leben dazu« (Matthäus 19;29).

Hundertfach? Kaum hatten die Dominikaner ihren Orden gegründet, so bekamen sie mehr Schwestern, als sie in ihren kühnsten Träumen erhofft hatten. In Deutschland vor allem, aber auch in Frankreich, in Italien und Spanien waren es schon bald zehn Mal mehr Schwestern als Brüder. Der flämische Theologe Edward Schillebeeckx spricht von einer eigentlichen »Frauenbewegung« des Mittelalters. Nur des Mittelalters? Laut vatikanischer Statistik zählt der Dominikanerorden auch heute 42.000 Schwestern, aber nur 4.000 Brüder.

Dieser enorme Andrang von Frauen stellte die Brüder vor kaum zu bewältigende organisatorische und finanzielle Probleme. Ignatius von Loyola kannte diese Überlastung der Dominikaner wohl, als er, Jahrhunderte danach, die Gründung eines weiblichen Ordenszweigs der Jesuiten streng ablehnte. Bei den Dominikanern selber verhängte noch im 13. Jahrhundert ein Generalkapitel des Ordens nach dem andern einen strikten numerus clausus für Frauen. Half nichts.

Regelrecht gestürmt wurde der Orden des heiligen Dominikus von der mittelalterlichen Frauenbewegung.

Was war da los?

Vielleicht ist mit uns etwas los. Vielleicht haben wir immer noch das plumpe Vorurteil im Kopf, dass die Frau sich nach einem starken Mann sehne. Bei manchen Frauen wird das schon so sein. Wie aber, wenn unzählige Frauen schon damals, im 13. Jahrhundert, etwas ganz anderes bewegte: die ewig unerfüllte Sehnsucht der intelligenten Frau nach einem intelligenten Mann?

Und jetzt ein Orden der religiösen Intelligenz! Um Meister Eckhardt in Köln, um Johannes Tauler in Straßburg, um Heinrich Suso in Konstanz kommt es zwischen Dominikanerinnen und Dominikanern zu jenem intelligenten Austausch von Gedanken, Erfahrungen und Empfindungen, aus dem die schönste Blüte deutscher Spiritualität hervorgehen wird: die Rheinische Mystik.

Wer von Rheinischer Mystik nichts versteht, der hat vielleicht etwas sexuelle Phantasie. Die genügt in diesem Fall auch. Stell dir einfach einmal ganz sinnenfällig, ohne Scham, vor, was eine reale Familienmutter damals, im realen Ehebett, für reale Freuden erwarteten!

Da liegst du flach und über dir ein fettes, widerliches, dummes Mannsbild. Nach Pferdemist stinkt er, nach Schweiß, nach Bier und nach der eigenen Pisse. Aber bei dem, was er da mit dir tut, hält er sich für den größten Helden der Welt. Drum will er auch, dass du ihm mit Wonne möglichst viele Kinder gebärst. Kinder nach seinem großartigen Ebenbild. Wie viele? Eins, zwei, drei, vier, fünf, sechs, sieben – fünfundzwanzig Kinder gar.

Fünfundzwanzig?

Ja, fünfundzwanzig.

Fünfundzwanzig Kinder hatte Lapa Benincasa, genannt Mamma Monna, ihrem Gatten, einem Wollfärber in Siena, geboren. Als Qual hat sie das aber nicht empfunden. In allen Dingen gibt es ja so etwas wie Naturtalente. Als die Natur ihr nicht mehr gestattete, noch weitere Kinder zu gebären, verlegte Mamma Monna sich mit der gleichen, ungebrochenen Hingabe darauf, ihre Töchter an den Mann zu bringen. Alle – damit auch sie möglichst viele Kinder bekommen konnten – möglichst früh, das heißt nach damaliger Sitte und damaligem Recht mit zwölf. Wir wollen jetzt gar nicht auszurechnen versuchen, auf wie viele Enkelkinder Oma Monna hoffen durfte. Halten wir einfach fest: Sie war, wenn es so etwas je gab, die totale Mutter der totalen Familie.

Und dann zum Schluss, nach vielen erfolgreich arrangierten Hochzeiten, ein unerwartetes Fiasko. Gerade war Katharina, das vierundzwanzigste Kind, zwölf Jahre alt geworden. Und selbstverständlich hatte Mamma Monna für Katharina bereits einen strammen Bräutigam ausgesucht. Da kam aus dem Mund des zwölfjährigen Mädchens die Abfuhr, die Mamma Monna und ihr Gatte Giacomo sich überhaupt nicht vorstellen konnten:

»Mamma, ich will nicht!«

»Was, du willst nicht?«

»Nein Mamma, ich will nicht.«

Rasch eskalierte der Familienstreit zum Familienskandal. Halb Siena wurde Ohrenzeuge, wie die tobende Mamma ihre heiratsunwillige Tochter jeden Tag neu mit Schwällen obszöner Schimpfworte übergoss. Offenbar hielt auch Familie Benincasa viel vom »gesunden Sex«. Doch auch für solche derbere Pädagogik war Katharina nicht empfänglich. Je wortreicher Mamma Monna die Zwölfjährige anpöbelte, desto knapper blieb die Antwort, die sie immerzu bekam:

»Ich will nicht.«

Was wollte Katharina von Siena?

Zu einem Pater im nahen Kloster San Domenico hatte sie Vertrauen gefasst. Ihm hat sie ihren Berufswunsch anvertraut: »Padre, ich will Dominikanerpater werden, genau wie Ihr!«

»Katharinchen, warum möchtest du das werden?«

»Weil ich predigen möchte, Padre. Predigen genau wie Ihr!«

»Katharinchen, das geht leider nicht!«

»Warum geht das nicht?«

»Weil du ein Mädchen bist, Katharinchen. Mädchen dürfen nicht Pater werden und predigen.«

»Das macht nichts! Ich ziehe einfach die Kleider meines Bruders Stefano an, gehe in eine andere Stadt, wo man mich nicht kennt, trete dort wie andere Knaben als Novize bei den Dominikanern ein, und so werde ich Pater und kann predigen.«

Traurig schüttelte der Padre den Kopf:

»Aber Katharinchen! Gleich kommst du in das Alter, wo Knaben den Stimmbruch bekommen. Du wirst aber keinen Stimmbruch haben. Dir wird auch kein Bart wachsen. Dann merken alle den Schwindel und du fliegst auf!«

Zurück in die totale Familie. Zurück zur totalen Mamma.

Sehr zur Verwunderung der Nachbarschaft hörte kurz danach das obszöne Geschrei der Mutter auf. Im hintersten einigermassen stillen Winkel der Wollfärberei Benincasa, hieß es, sitze stumm das starrköpfige Mädchen, gebe auf nichts, was die Mamma sage, mehr Antwort, und sei mit nichts anderem mehr beschäftigt als mit Beten.

Ganz stimmte das nicht. Katharina betete nicht nur, sie dachte auch nach. Und als sie auf die sechzehn zuging, kam ihr die Erleuchtung.

Es gab ja nicht nur die Dominikaner, sondern auch, viel zahlreicher, die Dominikanerinnen. Weil der Dominikanerorden damals »Predigerorden« hieß, nannte man diese Schwestern mancherorts »Predigerinnen«. Dabei durfte nicht eine Einzige von ihnen predigen. Während die Brüder wortgewaltig von Kanzel zu Kanzel zogen, saßen die Schwestern in ihren Klöstern in »Päpstlicher Klausur«. Das heißt, sie waren eingemauert. Wohl durften sie den predigenden Brüdern in ihrer Klosterkirche zuhören. Wohl durften sie die Brüder empfangen zu Gesprächen über Mystik und Gott weiss was. Aber hinausgehen, selber predigen durfte keine.

Durfte wirklich keine?

Bei den Dominikanern selbst nannte man die Brüder den »Ersten Orden«, die Schwestern den »Zweiten Orden«. Aber gab es denn nicht auch noch einen »Dritten Orden«?

Wie bei den Franziskanern gab es bei den Dominikanern Gemeinschaften von Laien, die, ob verheiratet oder nicht, dem Orden lose angeschlossen waren. Solche Laien hatten zum Beispiel das Recht, sich im Kleid des Ordens bestatten zu lassen. So auch hatte sich der größte aller Italiener, Dante Alighieri, im braunen Rock des heiligen Franziskus zu Grabe tragen lassen.

Warten bis ins Grab? Dem Temperament der jungen Katharina entsprach das nicht. Aber war das denn nötig?

In der Toskana war die Große Pest ausgebrochen. In Siena aber gab es eine Gemeinschaft frommer Witwen, die dem Dritten Orden der Dominikaner angeschlossen waren und die sich so hingebend um die Sterbenden kümmerten, dass sie, wo immer sie gingen und standen, das weiss-schwarze Ordensgewand tragen durften. Mantellate nannten sie sich. Allerdings: Um zu den Mantellate zu gehören, musste man Witwe sein.

Mit sechzehn tut Katharina etwas beispiellos Freches. Sie, die nie geheiratet hat und niemals heiraten wird, erklärt sich zur Witwe. Mamma Monna mag vor Empörung schreien, wie sie will, Papa Giacomo mag ihr so väterlich milde zureden, wie er will, die Witwen von der Kongregation der Mantellate mögen sich vor Peinlichkeit winden, wie sie wollen: Unter allgemeinem Kopfschütteln und Protest zieht Katharina sich mit sechzehn das Ordenskleid der dominikanischen Witwen an. So geht sie hinaus aus ihrem Elternhaus. Hinaus in die von der Pest verseuchte, vom Bürgerkrieg verwüstete Stadt Siena.

Morgens geht sie in die Hospitäler. So ohne alle Scheu wie Franziskus die Aussätzigen von Assisi umarmt hat, pflegt Katharina die Pestkranken von Siena.

Nachmittags aber geht sie hinaus auf die Straßen und Plätze der Stadt. Was sie schon immer tun wollte, das tut sie jetzt: Im Ordenskleid des heiligen Dominikus predigt Katharina von Siena.

Vielleicht ist predigen nicht das richtige Wort. Sie steigt ja nicht auf die Kanzeln. Draußen auf den Straßen predigt sie. Ohne je Theologie studiert zu haben. Ohne auch nur lesen und schreiben zu können. Eine Analphabetin predigt! Mochte Mamma Monna ein Naturtalent zum Gebären haben, ihre Tochter Katharina war ein Naturgenie des Predigens. Im Namen des Evangeliums Jesu Christi forderte sie ihre Mitbürger auf, den Bürgerkrieg in Siena zu beenden.

Nach einer Weile wurde Katharina klar, dass sie am falschen Ort predigte. Die Leute, auf die es in der Politik ankommt, laufen nämlich nicht auf den Straßen herum. Jetzt ging sie hinein in die vornehmen Häuser der Reichen und Mächtigen. Einen Palazzo nach dem andern suchte die Tochter des Wollfärbers so lange heim, bis Frieden herrschte zwischen den verfeindeten Geschlechtern in Siena. Für eine Weile wenigstens.

Bald wurde sie nach Florenz gerufen, nach Pisa. Doch je länger sie sich einmischte in die toskanische Politik, desto stärker wuchs in ihr die Überzeugung, dass das Elend Italiens einen eindeutigen Grund hatte. Dem Land fehlte das religiöse und politische Oberhaupt. Der Papst war nicht da. Während Italien in Bürgerkriegen, in der Großen Pest zugrunde ging, tanzte die römische Kurie weit weg an der Rhone:

»Sur le pont d'Avignon
On y danse, on y danse,
Sur le pont d'Avignon
On y danse tout en rond.«

Nicht nur auf der Brücke von Avignon wurde getanzt, sondern auch im päpstlichen Palast. Vom seidenen Glanz der Sommerröcke, von den kostbaren Winterpelzen der Kurtisanen in Avignon schwärmte selbst der Hof in Paris.

Es ist das Jahr 1376. Katharina ist neunundzwanzig Jahre alt und kein Mädchen mehr. Sie ist herangewachsen zu einer jungen Frau von großer Leidenschaft und Tatkraft. »Mein Wesen ist Feuer«, hat sie selber von sich gesagt. Wenn sie an den Papst in Avignon denkt, steigt in ihr der Zorn der Propheten hoch. Jesus gleich setzt sie sich auf einen Esel. Von Siena reitet sie nach Avignon. Begleitet wird sie von ihrer Familie.

Von ihrer Familie? Wie?

Ja, von ihrer Familie. Das ist eine kleine Gruppe von Menschen, die sie »la mia famiglia« nennt. Singles fast alle, die ihr nicht durch Herkunft oder Heirat verbunden sind, sondern durch Sympathie und Gesinnung. Was Katharina von Siena unter »Familie« versteht, ist das absolute Gegenteil dessen, was ihre Mutter darunter verstand. Kommt uns das nicht bekannt vor? Zur Umkehr des Herzens gehört die Umkehr der Begriffe. Bei Katharina von Siena genau wie bei Franziskus von Assisi.

Fast zwei Monate dauert die Reise. Dann steht die Tochter des Wollfärbers im prachtvollen Palast von Avignon vor Papst Gregor XI.

Der Heilige Vater, ein Franzose, verstand kein Italienisch. Also musste einer übersetzen. Das war der selige Raymund von Capua. Er sei beim Übersetzen fast gestorben vor Angst und Schreck, schrieb er später. Neffenwirtschaft, Weiberwirtschaft, Ämterkauf, Bestechung und Betrug wirft Katharina dem Papst vor. Ein »furchtsamer Knabe« solle er nicht länger sein. Ein »cuor virile«, ein männliches Herz, solle er zeigen, fähig, alle Widerstände zu brechen, um seine Kurie zurückzuführen, wo sie hingehöre: nach Rom. Und wenn er den Mut dazu nicht habe, dann solle er »die Tiara ablegen«. Zurücktreten solle der Papst, forderte Katharina von Siena. Dem seligen Übersetzer Raymund verging Hören und Sehen.

Erstaunlich ruhig blieb Gregor selbst. »Katharina«, sagte er, »du bist doch gerade erst angekommen in Avignon, wie willst du wissen, was für Zustände an meiner Kurie herrschen?« – »Um zu wissen, was hier los ist«, entgegnete Katharina, »hätte ich gar nicht erst von Siena nach Avignon zu reiten brauchen.« »Warum nicht?«, fragte kopfschüttelnd der Papst. »Weil es«, antwortete Katharina, »an Eurem Hofe stinkt. So gewaltig stinkt es an Eurer Kurie, dass es von Avignon bis nach Siena stinkt.«

Seit einundsiebzig Jahren schon dauerte dieses Exil der Päpste an der Rhone und viele sprachen von der »Babylonischen Gefangenschaft der Kirche«. Petrarca, der große italienische Dichter, der an der Kurie in Avignon aufgewachsen war, sprach lieber von der »Babylonischen Hure«. Mit seinen sechs Amtsvorgängern hatte Papst Gregor XI denn auch eines gemein: ein schlechtes Gewissen. Immer wieder verkündete er seinen guten Vorsatz, zurückzukehren auf den Stuhl Petri. Der Weg zur Hölle ist auch bei Päpsten mit guten Vorsätzen gepflastert.

Die allerbesten Ausflüchte hielt Gregor Katharina entgegen: Die politische Allianz mit dem König von Frankreich würde leiden. Viel zu viel kosten würde der Umzug. Für den nötigen Geleitschutz fehlte es an päpstlichen Soldaten. Und hatte nicht gerade ein frommer Einsiedler prophezeit, dass die Italiener ihn, den französischen Papst, gleich nach der Ankunft in Rom vergiften würden?

Wochenlang dauerte die Konfrontation zwischen der italienischen Prophetin und dem französischen Papst. Zeitweise wollte Gregor Katharina gar nicht mehr sehen. Ruhe bekam er trotzdem nicht. Wenn er ihr nicht zuhören wollte, dann musste er ihre Briefe lesen.

Insgesamt etwa zweihundert Briefe der heiligen Katharina sind auf uns gekommen. Das Interessante sind zwei Wendungen, die immer wiederkehren. »Ich will nicht« hatte sie ihrer Mutter gegenüber hartnäckig wiederholt. »Ich will« wiederholt sie genau so hartnäckig gegenüber Papst Gregor. Und manchmal sogar »Gott will es und ich will es«.

Papst Gregor XI war ein umgänglicher, aber auch ein wankelmütiger Mann. Gegen eine Frau von Katharinas Kaliber hatte er keine Chance. Im Herbst 1376 packte er seine Habe und seinen Tross auf 426 Wagen, fuhr damit nach Marseille und verlud dort den ganzen päpstlichen Plunder auf sechsundzwanzig Galeeren. Auf nach Rom!

In einem gewaltigen Fresko hat Giorgio Vasari im Vatikan den Triumph der heiligen Katharina dargestellt. So wie einst die römischen Imperatoren ihre besiegten Feinde durch Rom schleppten, so führt am 17. Januar 1377 Katharina von Siena Papst Gregor XI dem Petersdom zu.

Auch wenn es im Einzelnen nicht ganz so abgelaufen ist, wie Vasari es gemalt hat, so haben es doch die Zeitgenossen so wahrgenommen: Eine junge Frau aus dem italienischen Volk zeigt dem Pontifex maximus, dem Stellvertreter Jesu Christi, wo's langgeht.

Wie war das möglich? Darüber haben manche Historiker gerätselt. Aber vielleicht ist es gar kein Rätsel.

Es gibt so etwas wie Charakter. Auch in der Religion. Katharina hatte Charakter. Und es war bei ihr wie bei fast allen großen Heiligen: Geformt hat sich ihr Charakter im unerbittlichen Streit mit ihrer Familie. Wer imstande war, einer Mamma Monna zu widerstehen, der war auch imstande, einem Papst den Meister zu zeigen.

Erst dreiunddreißig war Katharina von Siena, als sie am 29. April 1380 in Rom starb. Ihr Haupt wurde nach Siena in die Kirche San Domenico gebracht. Das ist der Ort, wo sie als Kind den Entschluss gefasst hatte, nicht zu heiraten, sondern Predigerin zu werden. Ihr, die nicht lesen und nicht schreiben konnte, hat Papst Paul VI den höchsten Ruhmestitel der katholischen Kirche verliehen: doctor Ecclesiae – Lehrerin der Kirche.

Das war am 27. September 1970. Und es war eine erstaunliche Proklamation. Dieser Titel »doctor Ecclesiae« ist durch die Jahrhunderte nur selten und nur an Männer verliehen worden. An diesem 27. September 1970 hat Paul VI. ihn gleich zweimal verliehen, und zwar – zum ersten Mal in der Kirchengeschichte – an zwei Frauen. Katharina von Siena ist die eine, Theresia von Avila die andere.

Zwei ganz verschiedene Frauen. Katharina ist eine Italienerin des ausgehenden Mittelalters; Theresia eine barocke Spanierin, in der Art, sich selber zu reflektieren, fast schon ein moderner Mensch. Katharina war Analphabetin; Theresia dagegen ist einer der ganz großen Namen der spanischen Literatur. Peter Paul Rubens wird sie mit der Feder in der Hand malen.

Katharina hieß Benincasa – »Wohlzuhause« –, das ist ein Allerweltsname aus dem handwerklichen Mittelstand; Theresias Mutter dagegen, Doña Beatriz de Ahumada, war eine Dávila. Aber nicht irgendeine Dávila. Eine »Dávila mit dreizehn Ringen«. Höheren Adel gab es in Kastilien nicht. Theresias Vater, Alonso Sánchez de Cepeda, stammte aus einer aufstrebenden Familie von konvertierten jüdischen Kaufleuten. Er hatte sich in den Ritterstand eingekauft. Was ihm, im Vergleich zu seiner Frau, an hohen Adelstiteln fehlte, machte sein Reichtum wett.

Katharina von Siena und Theresia von Avila: zwei höchst ungleiche Frauen, die Papst Paul VI, allen Frauen zum Vorbild, nebeneinanderstellt, als wären sie Schwestern.

Schwestern sind sie in der Tat. Allerdings nicht im Sinn und Geist des Heiligen Vaters. Von Theresia von Avila stammt der Satz, den, Wort für Wort genauso, auch Katharina von Siena gesagt haben könnte: »Welche Gnade, wenn Gott einer Frau die Tyrannei eines Ehemannes erspart. Sehr oft richtet er ihren Körper zugrunde. Und manchmal auch die Seele.«

Ein grausiger Verdacht steigt in uns auf: Waren es etwa auch in Avila, wie in Siena, fünfundzwanzig Blagen?

Nein, so schlimm war es nicht. Oder, besser gesagt, es war noch schlimmer. Nicht fünfundzwanzig Kinder hat Theresias Mutter, Doña Beatriz, gebären müssen, sondern nur neun. Es waren neun zu viel. Lange noch wurde in Avila von ihrer Hochzeitsgarderobe gesprochen. Und wie sie, unter all den Kleidern von Seide, Silber und Gold so zart aussah, als wäre sie aus Alabaster.

Kein Monstrum der Fruchtbarkeit wie Mamma Monna. Eine zerbrechliche Frau, die fürs Gebären nicht geboren war. Und doch musste sie mit vierzehn ins Ehebett. Als sie fünfzehn war, lag sie zum ersten Mal im Kindsbett. Und sie gebar Fernando.

Und sie gebar Rodrigo. Und sie gebar Theresia. Und sie gebar Lorenzo. Und sie gebar Antonio. Und sie gebar Pedro Alonso. Und sie gebar Jerónimo. Und sie gebar Agustín. Und sie gebar Juana. Und als sie die neun geboren hatte, mit siebenundzwanzig, war sie tot.

Schon nach den ersten Geburten war Doña Beatriz so krank, dass sie das Bett kaum noch verließ. Um sich zu trösten, las sie Romane. Von Amadís und Lisuarte. Von romantischen Helden und noch romantischeren Damen. Kitsch-Romane von einer anderen Sorte Liebe. Don Alonso Sánchez de Cepeda gefiel die erotische Traumwelt, in die seine Frau sich zurückzog, nicht. Er schimpfte sie aus. Sie las weiter. Von der Liebe zu lesen, von der Liebe als romantischem Abenteuer, von der Liebe ohne Ehe, war ihre einzige Revolte.

Sie, die eben noch die prächtigsten Röcke von Avila getragen hatte, kleidete sich jetzt, wenn sie noch aufstand, entsagungsvoll in strengem Schwarz. Dann, nach dem letzten Kindsbett, konnte sie allein nicht mehr gehen. Wenn sie ein paar Schritte in den Garten tat, musste ihr Mädchen sie stützen. Das fiel dem Kind leicht. Die Mutter wog ja nicht mehr schwer. Ins Haus zurückgekehrt, deutete sie milde lächelnd auf das Bild Mariens: »Schau, Teresita, das ist deine wahre Mutter!«

Mater dolorosa!

Es war alles anders als in Siena. Theresia von Avila hat diese bleiche, zerbrechliche Mutter geliebt. Zutiefst erschüttert war sie, als ihre Mutter starb. Sie selber war erst zwölf.

Aber vielleicht war es gar nicht so sehr der Tod der Mutter. Noch im 20. Jahrhundert gehörte in lateinischen Ländern der Bruch in diesem Alter fast zum normalen Entwicklungsgang von Mädchen.

Von all den zwölf Kindern der Familie war Theresia das wildeste gewesen. Es waren nämlich nicht bloß neun, sondern ein volles Dutzend. Eine erste Frau war Don Alonso schon vorher nach drei Kindsbetten weggestorben. Beim Steinewerfen in den Straßenschlachten zwischen den verschiedenen Kinderbanden von Avila scheint Theresia die Anführerin ihrer Geschwister gewesen zu sein. Am wenigsten zu lachen hatte ihr vier Jahre älterer Bruder Rodrigo. Nachdem sie ihn zu ihrem Lieblingsbruder erklärt hatte, fordert sie von ihm unbedingten Gehorsam.

Im Gebüsch hinter dem väterlichen Haus, so berichtete Rodrigo später, habe sie ein Spiel erfunden. Es hieß »Wir werden Nonnen«. Zu diesem Zweck steckt sie ihren Bruder in eine selbstfabrizierte Schwesternkutte. Dann musste er vor ihr niederknien.

»Schwör Gott die Treue auf ewig, Rodrigo. Para siempre!«

»Para siempre, Teresa!«

Am meisten fasziniert hatten sie die frommen Legenden von Antonius und von den Wüstenvätern Ägyptens. Hinten im Garten baut sich die Kleine, zur Verwunderung der Familie, eine eigene Eremitage. Da sie allerdings von Statik weniger verstand als von Frömmigkeit, brach ihre Einsiedelei rasch wieder in sich zusammen.

Jetzt kam sie auf die Idee mit dem Martyrium. Nach Marokko wollte sie, um sich dort als Zeugin für Jesus Christus von den Muslimen umbringen zu lassen. Ob er wollte oder nicht, Rodrigo musste mit. Mit einem richtigen Pilgerstab und Pilgersack machten sich die beiden auf.

Zu Hause in Avila brach die Panik aus. Alle Zisternen wurden mit Sonden abgesucht. Bis endlich Don Francisco Alvarez de Cepeda, ein Onkel, die beiden jenseits der Adaja-Brücke entdeckte. Sie waren auf der Landstraße nach Salamanca unterwegs. Das ist nicht gerade der Weg nach Marokko. An den Ohren brachte Don Francisco die beiden zur Familie zurück.

»Ich war es nicht«, beteuerte Rodrigo und zeigte auf sein vier Jahre jüngeres Schwesterlein: »Die Kleine ist schuld. La niña!« Don Alonso kannte seine Sprösslinge. So war es wirklich nicht Rodrigo, sondern die kleine Teresita, die anstelle des glorreichen Martyriums eine verdiente Tracht Prügel erlitt.

Eine Anführerin war sie als Kind. Ein geborener caudillo. Aber wartet nur, bis sie vierzehn ist. Da weiß das Mädchen nicht mehr, was es will.

Ihre sieben Brüder wissen das wohl. Nach Amerika werden sie aufbrechen, alle sieben. Zum Rio de la Plata. Zu fabelhaften Abenteuern.

Und sie?

Ihre Mutter lag in ihrem Alter schon im Ehebett. So fällt ihr nichts Besseres ein, als den ganzen Berg von Kitsch-Romanen zu lesen, die Doña Beatriz ihr hinterlassen hat. Ziemlich ungeniert war da die Rede von jenem kurzfristigen Abenteuer, das jungen Frauen zusteht, bevor's zur Ehe geht. »Da«, schreibt sie in ihrer Autobiographie, »gereichte mir eine Cousine, die häufig ins Haus kam, zum Verderben.«

Eine Cousine »de livianos tratos«, mit »zweifelhaften Beziehungen«. Von dieser Cousine lernte sie, sich mit Muskat und Bergamotte zu parfümieren. Die Cousine lehrte sie auch, ihr Haar so hochzubinden, dass sie aussah wie Königin Isabelle. Auch dass zum dunklen Feuer ihrer Augen nichts so gut passe wie eine Kette aus Gagat, lernte sie von besagter Cousine. Dann ging es, Cousine und Cousinchen, Hand in Hand ab ins wilde Partyleben von Avila.

Partyleben in Avila?

Eine kleine Stadt ist das. Auf halbem Weg zwischen Madrid und Salamanca liegt sie über tausend Meter hoch. Die alte Stadtmauer mit ihren achtundachtzig Türmen umschließt die Stadt noch heute wie zu Theresias Zeit. Den kalten Wind, der das halbe Jahr über die kastilische Hochebene pfeift, hält sie nicht ab. Die Stadt wirkt düster und eng. Nichts von Salamancas Fröhlichkeit ist in Avila zu spüren, nichts von der Urbanität Madrids. Partyleben in Avila?

O doch, das gab es. Und es war sehr lustig, das Partyleben von Avila. Allerdings auch sehr beschränkt. Nichts anderes fand Theresia da wieder als alle ihre Cousinen und Cousins, nicht zu vergessen ihre eigenen Brüder. Adel verpflichtet nämlich. Er verpflichtet dazu, in den eigenen Kreisen zu feiern. Die jeunesse dorée, die Theresia da kennenlernte, war nichts anderes als die ziemlich ausgelassene Jugendtanzgruppe ihrer Verwandtschaft.

Es störte sie nicht. Zu berauschend war der Erfolg ihrer Isabellenfrisur und ihrer Kette aus Gagat. »Sobald ich spürte«, schreibt sie selber, »dass ich einem Mann gefiel und er mir, erfasste mich eine solche Zuneigung zu ihm, dass ich ohne Unterlass an ihn denken musste.«

Welcher war es? Dies zu erforschen, hat sich Pater Jerónimo de San José (1587–1654) zur Lebensaufgabe gemacht. In seine nähere Auswahl kommen vier Jünglinge: Pedro, Francisco, Didaco und Vincencio, alles Söhne ihres Onkels Don Francisco Alvarez de Cepeda.

Pater Jerónimo tippt auf Pedro. Der hatte leichtes Spiel, »zumal«, gesteht Theresia in ihrer Autobiographie, »wir auch Mägde hatten, an denen ich gefügige Werkzeuge zu allem Bösen fand«. Pater Jerónimo beschwichtigt: »Da dieser Cousin sie sehr liebte und sie von Natur aus sehr entgegenkommend und liebenswürdig war, so erwachte in ihrer Seele eine Zuneigung, von der ihr Herz ergriffen und erregt wurde, sodass sie sich, wenn auch innerhalb bestimmter Grenzen, leidenschaftlich zu ihm hingezogen fühlte.«

Eben diese Grenzen sah allerdings ihr sorgender Vater, Don Alonso, eindeutig überschritten. Um Theresia vor der eigenen

Verwandtschaft in Sicherheit zu bringen, steckte er sie mit sechzehn ins Pensionat der Augustinerinnen.

War sie da am richtigen Ort? In ihrer spanischen Kindheit waren Gott und die Kirche allgegenwärtig gewesen. Von ihrer Mutter hatte sie nicht nur die Ritter-Romane geerbt, sondern auch die Erbauungs-Traktate. Nicht nur die Lieder ritterlicher Liebes-Romantik sang sie mit ihren Cousins, sie kannte auch die ganz anderen Melodien spanischer Todesahnung und spanischer Melancholie:

»Wo ist König Don Juan?
Die Infanten von Aragón,
Wo sind sie geblieben?«

Heiraten oder Nonne werden: Das war die Alternative. Theresia schreckte vor beidem zurück. »Enemiguísima«, schreibt sie in ihrer Autobiographie, »in hohem Masse feind« sei sie dem Gedanken gewesen, ins Kloster zu gehen. »Jedoch hatte ich auch Angst vor der Ehe.« Sie brauchte nur an ihre Mutter zu denken, um helle Angst zu bekommen. Oder an Pedro oder an Francisco oder an Didaco oder an Vincencio. Durch alle Ritzen und Schlüssellöcher des Augustinerinnenklosters steckten sie Theresia weiter ihre billets doux zu. Aber nach der Heirat, das wusste sie, würde Schluss sein mit den billets doux. Heiraten hieß gebären und gehorchen. Pedro gehorchen? Pedro war nett. War er sonst noch etwas? »Nie ist es mir gelungen«, schreibt Theresia, »meinen Verstand jemandem unterzuordnen, dem es daran fehlt.«

Vor lauter Unschlüssigkeit wird sie so krank, dass die Augustinerinnen den Vater bitten, das Mädchen nach Hause zurückzunehmen. Dort erlebt Theresia, wie ihr Lieblingsbruder Rodrigo, strahlend vor Hoffnung, aufbricht nach Amerika. Und sie? »Wenn ich daran denke, dass ich als Frau geboren bin, fühle ich mich wie gelähmt.«

»So fasste ich allmählich den Entschluss, mich zum Eintritt ins Kloster zu zwingen.« Zwanzig war sie, als sie ihrem Vater ins Gesicht sagte, sie wolle eintreten ins Karmelitinnenkloster Zur Menschwerdung. Der richtete sich auf mit dem ganzen Stolz eines spanischen Patriarchen: »Solange ich lebe, wirst du das nicht tun!«

Im allerersten Morgenlicht flieht Theresia. Was hat sie dabei empfunden? »Der Augenblick, in dem ich das väterliche Haus verließ, schwebt noch meinem Gedächtnis vor. Es war mir in Wahrheit so zumute, dass ich glaube, der Tod könnte nicht schrecklicher für mich sein. Mir war, als würden mir alle Knochen aus den Gelenken gerissen.«

Don Alonso war ein Patriarch. Doch so groß sein Zorn war, größer war seine Sorge. Er kannte diese Tochter. Dass das nicht gut gehen könne, ahnte er. Nach einer Weile hat er sie im Kloster besucht. Ihr kranker Gesichtsausdruck hat ihn entsetzt.

Schwindel- und Fieberanfälle, Herzkrämpfe, fortwährendes Erbrechen und »tiefe Traurigkeit«: Drei Jahre lang fiel Theresia von einer Krankheit in die andere. Ärzte kamen, ließen sie zur Ader, gaben ihr ein Abführmittel nach dem andern, stopften sie mit Pillen voll, bis sie, nach ihren eigenen Worten, todkrank war »vor lauter Medizin«. Die nächste Diagnose hieß »Schwindsucht«. Zu allem medizinischen Elend hinzu wurde eine »curadera« beigezogen, eine Heilerin. Am 15. August 1539 ging die Nachricht durch Avila: »Doña Teresa de Ahumada ist tot.«

Sie wird in Leichentücher gehüllt und aufgebahrt. Drei Tage dauert die feierliche Totenwache. Am vierten Tag schlägt sie die Augen auf.

Ganz Avila, sie selber auch, redet von einer »Auferstehung«. In ihrer Autobiographie ist freilich zu spüren, dass sie das große Wort geniert.

Denn es ist ein allzu großes Wort. Drei Jahre noch bleibt sie am ganzen Körper, bis zum Kopf hinauf, gelähmt. »Als ich wieder auf allen vieren gehen konnte, lobte ich Gott.«

Ihre Gesundheit findet sie einigermaßen wieder. Aber nicht den Lebensmut. Theresia, einst ein wildes Kind, einst eine rebellische Tochter, passt sich im Kloster nur noch an.

Mit seinen 180 Nonnen ist das Kloster Zur Menschwerdung kaum etwas anderes als eine von vielen riesigen Versorgungsanstalten für ledige spanische Frauen. Theresias Brüder sind alle nach Amerika verschwunden, unzählige andere junge Männer auch. Von den verbliebenen Männern ist, nach manchen Schätzungen, jeder vierte Priester, Mönch oder wenigstens Kleriker. Unter all den Nonnen im Kloster De La Encarnación ist wohl, außer Theresia, keine einzige, die nicht heilfroh gewesen wäre, einen Pedro zu bekommen.

Zwei Klassen gibt es in diesem Kloster: Die armen Schwestern schlafen in Sälen, die reichen wohnen in Zweizimmer-Appartements mit Bedienung.

In ihrem Zweizimmer-Appartement lässt Theresia sich bedienen, pflegt ihre Krankheiten, schwatzt den ganzen Tag auf dem Gang herum, empfängt mehr als alle andern unten im Sprechzimmer Besuch. Eine komfortable, aber spannungslose, sinnlose Existenz. »So lebte ich viele Jahre.«

Früh im ersten Morgengrauen war Theresia von Avila mit zwanzig Jahren aus ihrem Vaterhaus ins Kloster geflohen. Früh im ersten Morgengrauen, am 24. August 1562, im Alter von 47 Jahren, bricht sie aus dem Kloster Zur Menschwerdung wieder aus.

Was in ihr vorgegangen war, ist mit unseren heutigen, religiös fahl und stumpf gewordenen Begriffen kaum noch zu erklären. Aber vielleicht hilft ein historischer Vergleich. Ein ähnliches Erlebnis göttlicher Befreiung wie diese spanische Nonne hat, fast zur gleichen Zeit, auch ein deutscher Mönch gehabt: Martin Luther.

So schonungslos wie er denkt sie jetzt zurück an ihren Eintritt ins Kloster: »Nicht so sehr aus Liebe zu Gott bin ich Nonne geworden; es geschah vielmehr aus der Angst eines unfreien Menschen.«

»Sola gratia«, sagt er, »durch Gottes Gnade allein.« »Gott allein ist genug«, sagt sie: »Dios solo basta.« Von ihm könnte stammen, was sie über das Erlebnis der göttlichen Gnade sagt: »Die Kräfte wachsen mir zu, ich weiß nicht wie. Sie sind mir geschenkt. Ich strenge mich nicht an, sie zu erlangen.«

Die spanische Heilige und der deutsche Reformator. Mehr brächte vielleicht ein völlig anderer Vergleich: Theresia von Avila und Sigmund Freud.

Die religiösen Erfahrungen, die Theresia von Avila in der Lebensmitte macht und die sie selber eingehend beschreibt, sind der absolute Anti-Freud. Bei Freud wird ja alles immer grausiger und gruseliger, je tiefer er eindringt in die Seele. Bei Theresia von Avila ist es umgekehrt. In ihren äußeren Erlebnisbereichen ist die Seele voll von Schuld und Scham und Drang und Angst. Nach innen dagegen wird die Seele hell. Ihr Innerstes hat Theresia erfahren als göttliche Befreiung. Aus einem hysterischen Fräulein wird in der Lebensmitte »la grande mujer« – Spaniens tatkräftigste Frau.

Nicht nur das Selbstbewusstsein, die weibliche Frechheit, die sie einst als Kind hatte, auch die religiösen Phantasien der frühesten Jahre kehren zurück und erfüllen sie neu und schöpferisch.

Was sind das überhaupt für Schwestern, unter die sie im Kloster zur Menschwerdung geraten ist? Karmelitinnen sind es. Der Karmel ist ein Berg in Palästina. Ein Berg, an dem noch heute merkwürdige Wohnhöhlen zu sehen sind. Wer hat da gelebt?

Christen waren das, die sich in der Zeit der Kreuzzüge hier hinauf zurückgezogen haben, um abseits aller Schlachten noch einmal so zu leben wie die Wüstenväter Ägyptens. Mit den geschlagenen christlichen Heeren kamen sie nach Europa zurück und verwandelten sich dort in einen etablierten Orden, der sich von andern, etwa von den Franziskanern, wenig mehr unterschied.

Die Wüstenväter Ägyptens! Haben ihre Legenden nicht die Phantasie ihrer Kindheit erfüllt? Zurück zu den Wüstenvätern, zurück zur ursprünglichen Lebensweise des Karmel!

Als sie am 24. August 1562 aus dem Menschwerdungskloster entweicht, weiß Theresia, wo sie hinwill. Mit vier jungen Nonnen zusammen hatte sie seit Wochen im Quartier San Roque heimlich ein ärmliches Haus instand gesetzt. San José wird sie es nennen. Es wird das erste Kloster der Theresianischen Reform.

Einer französischen Photographin, Yvonne Chevalier, ist es gelungen, noch vor dem Zweiten Vatikanischen Konzil das Innere dieses Klosters so zu photographieren, wie es sich seit Theresias Tagen kaum verändert hatte. Die Bilder sind hinreißend schön: Lauter weißgetünchte Wände, ein Boden aus dunkelroten Ziegeln, wenige dunkelbraune Holzmöbel, dazu die braun-weißen Trachten der Schwestern, durch die Fenster der blaue Himmel Spaniens – und sonst nichts. Mitten in jener barocken Kirchenwelt, die mit goldenem Klimbim und silbernem Gerümpel phantastisch überfrachtet ist, schafft Theresia von Avila eine Enklave von absoluter Einfachheit und elementarer Schönheit: ein Stück vom Berg Karmel, ein Stück ägyptischer Wüste mitten in einer spanischen Stadt.

»Dios solo basta – Gott allein ist genug.«

Als sich die Nachricht von dem illegalen Minikloster in Avila verbreitet, gerät, am selben Morgen noch, die kleine Stadt in

Hysterie. Die Händler machen ihre Läden zu. Die Männer ziehen vor das neu gegründete Kloster. Die einen werfen Steine, die andern versuchen, das Tor aufzubrechen. Und alle schreien: »Loca! Loca! Spinnerin!«

Um Gotteswillen, was ist los?

Das neue Kloster hat keine Erlaubnis. Der Provinzial der Karmeliten, der Reverendísimo Padre Angel de Salazar, wusste von nichts. Das neue Kloster hat auch keine Rente. Kein Vater, kein Bruder hat eine Versorgungszusage unterschrieben. Mit Weben und Nähen, sagen die fünf Schwestern, wollen sie sich selber durchbringen. Aber weiß man nicht, in welche Tiefen Frauen sinken, wenn sie sich selber durchbringen wollen? Ihre Mitschwestern in der Encarnación, dem Kloster, das sie verlassen hat, schreien Skandal und sprechen von »gravísima culpa«. Darauf steht nach den Ordensgesetzen lebenslanges Gefängnis. In der allgemeinen Hysterie ziehen die Mütter von Avila vors Rathaus: »Schützet unsere Kinder!«

Die Kinder schützen vor Theresia und ihren Schwestern? Logisch ist da kein Zusammenhang. Aber psychologisch schon. Wenn ein paar Frauen sich herausnehmen, zu tun, was sie wollen, dann sind alle Familien von Avila im Innersten bedroht.

So steigern sich die Gründerjahre der heiligen Theresia zu einem einzigen Tumult. Im Ochsenkarren zieht die Nonne aus Avila über alle Landstraßen Spaniens. Im endlosen Streit mit Bürgerinnen und Bürgern, mit Nonnen und mit Mönchen, mit Bürgermeistern und Prälaten gründet sie siebzehn Klöster der Reform. Alle nach dem Modell des Klosters San José in Avila: keine riesigen Frauenkasernen, sondern ganz kleine Gemeinschaften; keine Versorgung durch Väter und Brüder, sondern eigene Arbeit; kein Lärm und Geschwätz wie im Kloster zur Menschwerdung, sondern Stille. Stille wie in der Wüste Ägyptens.

Stille wozu? In einer Zeit, in der an der nahen Universität Salamanca gelehrt wird, dass Frauen zur Meditation unfähig seien, verordnet Theresia ihren Schwestern zwei Stunden Meditation am Tag.

Schlimmeren Ärger als all die feindseligen Ordensschwestern, Bürgermeister, Richter und Bischöfe bereitet ihr die eigene Verwandtschaft. Die meisten ihrer Brüder sind als gescheiterte Existenzen aus Amerika zurückgekommen. Mit ihren Erbstreitereien, ihren gegenseitigen Verleumdungen, ihren unehelichen Kindern, mit ihren hinterlistigen Versuchen, ihr Geld aus der Tasche zu ziehen, treiben Brüder und Neffen sie zur Verzweiflung. Der Ekel vor der Verwandtschaft, schreibt Theresia, steige ihr »wie Fäulnis« aus dem Magen auf.

In Sevilla werden die Anfeindungen aus dem Karmelitenorden selbst derart heftig, dass sie 1576 vor die Heilige Inquisition zitiert wird. Sie predige, lautet der gefährliche Vorwurf, und tue somit etwas, was nur Priester, nur Männer tun dürfen.

Die Inquisition von Sevilla wird sie nicht verurteilen. Gern wird das mit der Art erklärt, in der Theresia dem kirchlichen Gericht Rede und Antwort stand: nicht nur freundlich, sondern auch gescheit und souverän. Vielleicht lag es aber auch daran, dass die Inquisition von Sevilla anders war, als das deutsche Vorurteil meint.

Lange nicht so liberal wie die Väter von der Heiligen Inquisition war jedenfalls der päpstliche Nuntius in Madrid, Felipe Sega. In einem warnenden Bericht an den Papst denunziert er die heilige Theresia als »unruhiges, umherschweifendes, ungehorsames und verstocktes Weib«.

So gänzlich unrecht hat der päpstliche Gesandte nicht. Gipfelt doch ihre eigene Autobiographie im 18. Kapitel in dem Satz: »Ich bin ein Weib, und obendrein kein gutes, sondern ein böses Weib.«

Dachte sie dabei an die Sünden ihrer Jugend? Kaum. Eher hat sie selber wohl an ihr freches Maul gedacht.

Kaum einer hat so viel für sie getan wie Pater Jerónimo Gracián. Dennoch schreibt sie ihm in diesem Ton: »Ich musste lachen, als ich hörte, dass Sie schon wieder leiden wollen. Um Gottes willen, lassen Sie das. Ihre Umgebung müsste ja mit Ihnen leiden. Ruhen Sie sich lieber ein paar Tage aus!«

Als Pater Gracián einen Maler aus dem eigenen Orden, Juan de la Miseria, kommen lässt, um ein möglichst schönes Porträt von ihr der Nachwelt zu erhalten, macht sie dem Künstler dieses Kompliment: »Gott möge dir verzeihen, Fray Juan, du hast mich hässlich und triefäugig gemalt.«

Der Dominikaner Domingo Báñez war einer der berühmtesten Theologen ihrer Zeit. Seine Fürsprache hatte das Kloster San José in den Gründungswirren gerettet. War sie dankbar, als sie ihn als Beichtvater bekam? Die Frage ist eher, wer da wem die Beichte hörte. Beichtmutter Theresia wörtlich an Pater Domingo: »Gerne würde ich eines Tages mit Ihnen über Ihre Ängste sprechen, mit denen Sie nur Ihre Zeit verlieren.«

Und so über das ganze männliche Geschlecht: »Die Welt täuscht sich. Gott ist kein Richter wie die Männer, die meinen, jede gute Fähigkeit bei einer Frau verdächtigen zu müssen.«

Auch vor dem mächtigsten Mann der Welt, vor König Philipp II, senkt diese Spanierin den Ton nicht. Gott selber, schreibt sie Seiner Majestät, habe ihr eine Warnung an ihn anvertraut: »Sire! Erinnert Euch an König Saul. Auch er war gesalbt – und wurde doch verworfen!«

Zum Schluss macht ihre Respektlosigkeit nicht einmal mehr vor Gott selber halt. In einer ihrer großen Visionen war sie vor Gott Vater getreten und hatte ihm bittere Vorwürfe gemacht. Da zeigte er ihr seinen Sohn am Kreuz: »So, Theresia, behandle ich meine Freunde.« – »Ach mein Gott«, antwortete Theresia, »wenn du deine Freunde so behandelst, dann brauchst du dich nicht zu wundern, dass du so wenig Freunde hast.«

Zumindest über eines brauchen wir uns alle nicht zu wundern: dass eine solche Frau im 16. Jahrhundert fürs Heiraten nicht gemacht war. Nicht für einen Pedro, nicht für einen Francisco, nicht für einen Didaco und auch für einen Vincencio nicht. Gibt es überhaupt einen Mann, der zu einer solchen Frau passt?

Ja.

Juan de la Cruz heißt er, Johannes vom Kreuz. Siebenundzwanzig Jahre jünger ist er als sie und ganz klein gewachsen, kaum einen Meter fünfzig groß. Dafür hat er eine mächtige

Stirn, große schwarze Augen und eine Seele wie die ihre. Sie, die sonst Männer kaum zu Wort kommen lässt, hört ihm begeistert zu: »Es ist unmöglich«, schreibt sie, »mit Juan de la Cruz über Gott zu reden, ohne dass er sofort in Ekstase fällt und man mit ihm.«

»Wahlverwandtschaft« wird Goethe eine solche Beziehung nennen. Das ist das Gegenteil von Verwandtschaft. Warum war sie möglich zwischen Theresia von Avila und ihm, den sie »meinen kleinen Bruder« nannte?

Juan de la Cruz war ein Mann mit so viel Charakter und Verstand, dass er fähig war, sich nach der erfahreneren, vielleicht auch intelligenteren Frau zu richten. 1568 übergibt sie ihm als Erstem die Kutte für einen neuen Zweig des männlichen Karmelitenordens, der nach ihren Reformregeln leben wird. Ganz Spanien steht kopf: Eine Nonne hat ihren eigenen Mönchsorden gegründet!

Zwei Singles vereint in göttlicher Liebe. Aus der Begegnung zwischen Theresia von Avila und Johannes vom Kreuz gehen Bücher hervor, die heute die Kronjuwelen katholischer Mystik sind: Sie schreibt den »Weg zur Vollkommenheit«, er den »Aufstieg zum Berg Karmel«.

Spanische Mystik. Leidenschaftliche Liebe zu Gott. Das ist eine Sache, die zu Theresias Zeit viele Menschen bewegt hat. Heute nur wenige.

Alle bewegen aber sollte die Warnung, die Theresia von Avila im »Weg zur Vollkommenheit« ausspricht. Thomas von Aquin oder Katharina von Siena hätten uns genau so gewarnt wie sie:

»Ich bin entsetzt über den Schaden, den man erleidet, wenn man mit der eigenen Verwandtschaft verkehrt. Nicht für möglich würde ich es halten, hätte ich es nicht selber erlebt.«

6. Kapitel

Kritische Anmerkungen zum Familienleben der Allerheiligsten Dreifaltigkeit

Von der Öffentlichkeit streng abgeschirmt, findet einmal im Jahr, mitten im heiligen Köln, eine jugendgefährdende Versammlung statt. Aber lassen wir den Kölner Erzbischof, Joachim Kardinal Meisner, den Skandal selber im »Kölner Stadtanzeiger« schildern:

> *»Einmal im Jahr kommt unser Familienklan zusammen. Das sind an die sechzig Leute. Ich habe für meinen Zölibat an keiner Stelle mehr gelernt als aus den Ehen meiner drei Brüder. Und sie sagen immer, wir haben für unsere Ehe so viel von deiner zölibatären Existenz mitbekommen. Es sind immer sehr offene Gespräche am Abend, wenn die Kleinen alle ins Bett geschickt worden sind.«*

Auf den ersten Blick eine überflüssige Vorsichtsmassnahme. Kleine Jungs haben doch heute Internet. Kleine Jungs haben Laptops. Kleine Jungs haben Blackberries. Kleine Jungs wissen alles.

Wissen kleine Jungs wirklich alles?

Eines wissen sie nicht. Was für Witze Kardinal Meisner, spät in der Nacht, vor seinem versammelten Familienklan zum Besten gibt. Witze vorzüglich über die Singles. Witze, wie er sie gelegentlich auch der gern gelesenen Familienzeitschrift »Der Fels« anvertraut. Nicht nur geschmacklich, auch theologisch sind das in der Tat gewagte Witze. Was ist denn nur so komisch an einem Single? Kardinal Meisner sagt's:

»Nicht der Single ist Bild Gottes, sondern der Vater bzw. die Mutter bildet das Abbild des trinitarischen Gottes. Der Mensch hat nur die Alternative, Vater zu werden oder ein komischer Junggeselle zu bleiben, beziehungsweise Mutter zu werden oder eine merkwürdige Junggesellin zu bleiben, und zwar weil sie Ebenbilder eines Gottes sind, der trinitarisch ist.«

Der Single kein Ebenbild Gottes und somit – 1. Mosis 1;26 – kein Mensch?

Das allerdings ist ein Gedanke, den die kleinen Jungs, die doch sonst schon so viel wissen, nicht kapieren würden. Vielleicht deshalb nicht, weil sie zu gern twittern und dafür, leider Gottes, zu wenig Deutschlandfunk hören.

Jungs, hört doch einmal zu! Onkel Joachim spricht im Deutschlandfunk:

»Das Pfingstfest ist ja ein besonderes Fest der Familie. Es gibt in der Ostkirche eine sehr schöne Ikone, die das deutlich macht. In dieser Ikone sieht man am oberen Rand Gottvater, unterhalb von Gottvater ist die Geist-Taube zu sehen. Und unter der Geist-Taube steht der Sohn, Christus als Knabe. Und an dieser vertikalen Linie steht daneben ›sanctissima trinitas increata‹ – die heiligste ungeschaffene Dreifaltigkeit. Und rechts von dem Jesusknaben, an der unteren Basis des Bildes, stehen rechts Maria und links Josef, die den Knaben an der Hand haben. Und da steht drunter: ›sanctissima trinitas creata‹ – die geschaffene Dreifaltigkeit.«

Die besonders familiengläubige Nachrichten-Agentur kreuz.net, die diesem Deutschlandfunk-Interview natürlich größte Aufmerksamkeit widmete, zitiert allerdings den Kardinal, anders als der Sender selber, nicht mit einer »sehr schönen«, sondern mit einer »berühmten Ikone«, fügt jedoch voller Misstrauen hinzu: »Es ist unklar, welche ›berühmte Ikone‹ der Kardinal meint.«

Sehr unklar ist das.

Vielleicht, weil es sie gar nicht gibt. Ein hochqualifizierter Kölner Antiquitätenhändler, der – because of the sensitivity of the matter – Wert legt auf Anonymität, behauptet jedenfalls, dass dies die erste ostkirchliche Ikone mit lateinischer Inschrift wäre. So etwas sei natürlich möglich, lasse aber auf ein »obskures Fabrikat neueren Datums« schließen. Noch anonymere Stimmen aus der Kölner Kurie weisen in diesem Zusammenhang darauf hin, dass der Kardinal ein großer Liebhaber der Schönen Künste sei, der Malerei von Herzen zugetan. Hat Onkel Joachim vielleicht, Hand aufs Herz, jene Dreifaltigkeits-Ikone selber gemalt? Dass sie »sehr schön« geworden ist, ist ein fast sicheres Indiz dafür.

Leider ist jene Meisner'sche Dreifaltigkeits-Ikone in solchem Masse in Obskurität und Anonymität verhüllt, dass sie es bisher nicht einmal ins Internet geschafft hat. Das heißt: Die kleinen Jungs des Meisner-Klans haben keine Ahnung, wovon der gute Onkel um Mitternacht redet, wenn er die Göttliche Dreifaltigkeit zur postmodernen Ein-Kind-Familie macht, und warum sie da nicht zuhören dürfen.

Umso dringlicher ist es, Meisners fragenden Neffen eine kleine – möglichst internet- und somit kindgerechte – Einführung in die Geheimnisse der Allerheiligsten Dreifaltigkeit zu geben.

Jungs, kommt alle aus dem Bett und hört gut zu!

Es war einmal eine neue Religion, genannt das Christentum. Diese neue Religion hatte eine einfache Botschaft: das Evangelium Jesu Christi. Dass diese neue Religion alsbald in heillose Erklärungsnöte geriet, lag daran, dass sie nicht nur eine neue Botschaft hatte, sondern auch einen alten Gott. Den hatte sie von einer anderen Religion, dem Judentum, geerbt. Dieser jüdische Gott aber hatte, als er zum Gott der Christen wurde, bereits eine stürmische Geschichte hinter sich.

Jahwe hieß er und war ursprünglich ein vorderasiatischer Gott wie viele andere auch. Ein Kriegsgott also, vor allen Dingen aber ein göttlicher Patriarch. Zu einem orientalischen Patriarchen gehörte selbstverständlich ein schöner Harem. Jahwe hatte einen besonders schönen Harem, nämlich einen Harem von Göttinnen: Lilith, Lamia, Astarte, und wie die Schönen alle hießen. Fruchtbarkeitsgöttinnen waren das mit eigenen Fruchtbarkeitstempeln, meist auch mit einem aufregenden Personal von Tempelhuren. Was das ist, eine Tempelhure, brauche ich euch nicht zu erklären, ihr habt das schon im Internet aufgegabelt. Wisset nur, dass Jahwes Lieblingsgöttin Astarte hieß und eine besonders fruchtbare Göttin war. Aus ihrem Schoß gebar sie die ganze Welt.

So weit also nichts Besonderes. Alle vorderasiatischen Götter waren von gebärfreudigen Göttinnen so umgeben wie, etwas weiter nördlich, der Gott der Griechen hoch auf dem Olymp. Alle diese Götter und Göttinnen hatten, darauf kommt es an, ein Familienleben, allerdings nicht das, was euer Onkel unter Familienleben versteht, sondern, na ja, ein aufregend modernes, weitvernetztes Patchwork-Familienleben.

Bis eines Tages, hoch am Himmel über Babylon, Palästina und Ägypten etwas Unerhörtes geschah. Wann genau dies passiert ist, darüber streiten sich die Gelehrten, wahrscheinlich etwa ein Jahrtausend vor Christus. Da sonderte sich aus dem wirr vernetzten Verwandtschaftsbetrieb orientalischer Göttinnen und Götter einer ab. Nicht länger wollte er sein wie die andern. Kein Familienleben wollte er mehr führen, in keinem Sinne. Einzigartig wollte er sein. Jahwe, der Gott der Juden, erklärte sich zum göttlichen Single. Feierlich erließ er das revolutionäre Gebot:

»Ich bin der Herr, dein Gott. Du sollst keine andern Götter neben mir haben.«

Vor allem keine Göttinnen! Was kein anderer Gott vor ihm gewagt hatte, Jahwe tat es. Seinen Harem warf er aus dem Himmel. Seine Lieblingsgöttin Astarte verstieß er. Sie hatte ihm die Welt geboren. Schluss jetzt mit der heidnischen Gebärerei. Aus dem Nichts, ganz allein, machte Jahwe jetzt die Welt selber. Ihr könnt das im Internet nachklicken unter:

http://www.bibleserver.com/index.php.

Habt ihr's? Da steht gleich der Anfang der Heiligen Schrift: »Und Gott schuf, und Gott schuf, und Gott schuf ...«

So wurde Jahwe zu einem Gott ohnegleichen, zu jenem alleinigen und einzigen Gott, der von sich sagen konnte: »Ich bin, der ich bin.«

Und es wäre jetzt alles Göttliche für alle Zeiten in göttlicher Ordnung, hätte Jahwe nicht bei seiner himmlischen Unabhängigkeitserklärung einen kleinen Fehler begangen. Ach, meine lieben kleinen Jungs, es ist ein Fehler, den ihr alle, wenn ihr einmal groß geworden seid, auch begehen werdet. Alle Männer begehen diesen Fehler: zu glauben, dass man eine Frau überhaupt verstoßen *könne*.

Irrtum. Männlicher Irrtum allezeit und göttlicher Irrtum am Himmel über Jerusalem: Man kann eine Frau gar nicht verstoßen. Wenn sie selber weg will, ja dann haut sie ab, gewiss. Aber verstoßen? Eine Frau verstoßen? Jungs, das geht nicht. Wenn sie nicht will, lässt sie sich einfach nicht verstoßen. Oder, wie die alte französische Lebensweisheit sagt: Wirf eine Frau zur Tür hinaus, sie kommt durchs Fenster wieder herein!

Wie wird Astarte, durch Jahwes himmlische Tür hinausgeworfen, durchs himmlische Fenster zurückgeflogen kommen?

Geduld, das wird sich später zeigen! Wir machen jetzt erst mal mit der Religionsgeschichte weiter. Dazu müsst ihr aber wissen, dass Religion eine Sache ist, die vor allem ernste Menschen interessiert. Solche ernsten Menschen gab es nicht nur in Palästina, sondern überall rund ums Mittelmeer. Auf diese Menschen machten die andern Götter, Zeus vor allem über Athen, beziehungsweise Jupiter über Rom, einen zunehmend unseriösen Eindruck. Jupiters unzählige Weibergeschichten – nicht nur am Himmel, sondern auch auf Erden – mochten lustig sein. Anfänglich lustig ja, aber dann, nach ein paar Jahrhunderten, nur noch lächerlich.

Eine Religion kann an Lächerlichkeit zugrunde gehen. Wie so viele andere Götter zuvor sollten auch die Götter Roms und Griechenlands zugrunde gehen an Lächerlichkeit. Um es einmal so kindlich unverblümt auszudrücken, wie ihr es unter euch herumtwittern würdet: Die heidnische Götterwelt war ausgefickt bis zur Lächerlichkeit.

Wichtig in der Religion ist nämlich der Glaube. Was lächerlich ist, wird aber unglaubwürdig. So geht der Glaube zugrunde, und, wenn auch etwas später, die ganze Religion.

Wie anders war da doch der Gott der Juden. Jahwe, der göttliche Single, der alleinige, einzige, ewige und allmächtige Gott! Das war ein ernst zu nehmender Gott für ernste Menschen. Halt ein Single! Ein glaubwürdiger Gott, an den man ernsthaft glauben konnte.

So wandten sich immer mehr ernste Menschen ums Mittelmeer diesem ungleich ernsteren und ernster zu nehmenden Gott zu. Vielleicht auch deshalb, weil dieser einzigartige Gott, der allein die ganze Welt erschafft und beherrscht, schon zuvor vom größten Denker Griechenlands, von Aristoteles, angedacht worden war. Die Juden taten aber mehr als nur denken: Sie glaubten an den alleinigen Gott, sie beteten ihn an. Unzählige ernste Menschen wollten jetzt diesen Gott auch anbeten, obwohl sie keine Juden waren.

Meine lieben kleinen Jungs! Ihr seid alle schon im Kindergarten gewesen und habt dort gelernt, dass man keine Vorurteile gegen die Juden haben darf. Solche Vorurteile sind etwas Böses. Leider waren die Römer und die Griechen noch in keinem Kindergarten und hatten deshalb diese bösen Vorurteile nicht überwunden. Der Gott der Juden interessierte die Ernsten unter ihnen, die Besten – aber selber Juden werden, sich beschneiden lassen, nein, das wollten sie nicht.

Das war die Stunde des Juden Paulus. Wie alle Genies war er erfüllt von einer radikal einfachen Erleuchtung: Um Zugang zu finden zum Gott der Juden, braucht man nicht Jude zu werden. Das Evangelium Jesu Christi, ganz allein, genügt. Denn Jesus ist der Sohn jenes jüdischen Gottes. Mit diesen Worten beginnt das älteste und zuverlässigste, das Evangelium nach Markus: »Evangelium von Jesus Christus, dem Sohn Gottes« (Markus 1;1). Eben dies bekennt zum Schluss, nach dem Tod Jesu am Kreuz, der römische Hauptmann: »Wahrhaftig, dieser Mensch war Gottes Sohn« (Markus 15;39).

Der alte Gott der Juden und, neu dazu, sein Sohn Jesus Christus: Mit diesem neuen Glauben eroberte das Christentum das Römische Reich.

Es gibt aber in der Religion nicht nur das Prinzip Glauben. Es gibt auch das Prinzip Ordnung. Am Anfang, wenn die Religion neu ist, ist das nicht so wichtig, weil da alles noch spontan fließt. Das Bedürfnis nach Ordnung entsteht erst später, wenn aus der kleinen Gemeinschaft jene große Organisation geworden ist, die man Kirche nennt. Da muss dann Ordnung sein, und zwar zuerst Ordnung im Glauben selbst. Was viele glauben müssen, darf nicht länger konfus bleiben, sondern muss klar durchdacht und ebenso klar bekannt werden. Sonst spaltet sich die Kirche.

Jesus ist der Sohn Gottes, das glauben alle Christen. Aber was heißt das? Was für eine Zweier-Beziehung ist das? Über diese Frage traten kleinasiatische Bischöfe sich gegenseitig in den Hintern, stießen Arbeiter in Konstantinopel einander vom Gerüst, und die antike Kirche spaltete sich, nicht nur einmal, sondern mehrfach. Wer konnte da in den christlichen Köpfen Ordnung schaffen?

Nur ein Römer. Ordnung zu schaffen war nämlich in der Antike die verantwortungsvolle Aufgabe der Römer. Wichtigstes Mittel dafür war das römische Recht. Ein genialer römischer Jurist übernahm es, Ordnung zu schaffen in den christlichen Köpfen, das heißt, in diesem Falle, in der christlichen Gottheit. Sein Name ist Quintus Septimius Florens Tertullianus. Etwa von 150 bis 230 hat er gelebt.

Wisset aber, dass römische Juristen alle Probleme in Fallbeispielen mit drei Personen durchexerzierten. Zwei Personen reichten ihnen nicht. Gott Vater und sein Sohn Jesus, das sind leider nur zwei Personen. Man braucht ja auch kein römischer Jurist zu sein, um eine Gottheit, die nur aus einem, wie soll ich sagen, alleinerziehenden Vater mit Sohn besteht, ein bisschen unvollständig zu finden. Als römischer Jurist war Tertullian sich jedenfalls sicher: Da musste eine dritte Person zu finden sein.

»Suchet und ihr werdet finden« heißt es im Evangelium nach Lukas (11;9). Bei Lukas fand Tertullian denn auch die erleuchtende Schlüsselstelle. Das ist die Schilderung der Taufe Jesu im Jordan:

> »*Während er betete, öffnete sich der Himmel, und der Heilige Geist kam sichtbar in Gestalt einer Taube auf ihn herab, und eine Stimme aus dem Himmel sprach: Du bist mein geliebter Sohn, an dir habe ich mein Wohlgefallen*
> (Lukas 3;21–22).

Vater, Sohn und Heiliger Geist: Da lachte das Herz des römischen Juristen Tertullian. Ist das nicht besser als so eine kärgliche Zweier-Beziehung? Ist das nicht eine volle, juristisch schöne Dreier-Beziehung? Ein einziger Gott, gewiss, wie bei den Juden, aber, höchst geheimnisvoll, in drei Personen, alle drei bildhaft leicht vorstellbar: der Vater als Ehrfurcht gebietender Alter, der Sohn als der junge historische Jesus und der Heilige Geist zwischen beiden als Taube. Von dieser göttlichen Dreierbeziehung war Tertullian so begeistert, dass er für sie ein neues Wort erfand, das es vorher im Lateinischen gar nicht gab: »trinitas«, Dreifaltigkeit.

Natürlich war vieles noch unklar in Tertullians göttlicher Dreier-Beziehung. All das aber hat, schon bald nach ihm, der größte der antiken Theologen, Aurelius Augustinus, dogmatisch geklärt: Gott ist eine Substanz, besteht aber aus drei Personen, wobei der Heilige Geist als die Person gewordene Liebe hervorgeht aus der Liebe zwischen Vater und Sohn.

Diese genial ausgetüftelte theologische Dreierpackung wieder aufzuschnüren hat sich die westliche Christenheit, nach all dem Streit in der Antike, später gehütet. Ein paar italienische Mönchlein, die im 13. Jahrhundert etwas daran ändern wollten, wurden von der Heiligen Inquisition vorsorglich verbrannt, ein einsames spanisches Ketzerlein ebenso vorsorglich von dem protestantischen Reformator Johannes Calvin in Genf.

Dabei wären die Scheiterhaufen gar nicht nötig gewesen. Anders als im ersten Jahrtausend hat nämlich die Göttliche Dreifaltigkeit die christliche Allgemeinheit im zweiten Jahrtausend nicht mehr interessiert. Der Papst, die Jungfrau Maria, die Messe oder der Ablass, ja das waren Themen, die alle mächtig aufregten. Dafür brachten sich die deutschen Christen millionenfach gegenseitig um. Aber die Allerheiligste Dreifaltigkeit?

Meine lieben kleinen Meisner-Jungs! Ich sehe, dass ihr alle gähnt. Ja, gähnt nur. So wie ihr hat, wenn er das Wort Dreifaltigkeit hörte, der größte deutsche Denker gegähnt:

»Aus der Dreieinigkeitslehre, nach dem Buchstaben genommen, lässt sich schlechterdings nichts fürs Praktische machen«, schrieb 1798 Immanuel Kant. Dem ganz gewöhnlichen Menschen – Kant sagt »dem Lehrling« – sei es deshalb zu Recht egal, »ob wir in der Gottheit drei oder zehn Personen zu verehren haben«.

Nichts mehr in der Moderne als gähnende Langeweile. Bis dann, auf einmal, in den Siebzigerjahren des 20. Jahrhunderts, mitten in diese tödliche Langeweile hinein, eine theologische Bombe hochging. Mit gewaltigem Knall.

Der Urknall von Urschalling!

Wisst ihr, wo Urschalling liegt? Nein. Das liegt daran, dass ihr immer nur zu eurem Onkel und zu den Heiligen Drei Königen im Kölner Dom wallfahrtet. Da seid ihr aber, wenn ich euch das sagen darf, gar nicht cool! Coole junge Menschen wallfahrten nicht nach Köln, sondern, auf dem Jakobsweg, nach Santiago de Compostela. So cool wie Hape Kerkeling!

Am ältesten aller Jakobswege aber, am Chiemsee in Bayern, da liegt, von Weitem erkennbar an seinem wunderschönen Zwiebeltürmlein, das uralte Jakobskirchlein von Urschalling. Da drin hat der Urknall stattgefunden.

Eine hochbegabte junge Theologin, Verena Wodtke-Werner mit Namen, kam, wie so viele andere junge Menschen vor ihr, durch das Kirchlein von Urschalling gepilgert. Plötzlich blieb sie wie angewurzelt stehen. Gebannt sah sie hinauf in einen schmalen Winkel des Gewölbes. Was Verena dort erblickte, war eine theologische Sensation.

Es war ein Bild der Allerheiligsten Dreifaltigkeit. Solche Bilder gibt es zwar viele und sie sind alle keine Sensation. Tizian zum Beispiel hat Gott Vater als Ehrfurcht gebietenden alten Mann dargestellt, in seinem Schoß Jesus am Kreuz, darüber den Heiligen Geist als göttliche Taube. Doch diese Dreifaltigkeit von Oberschalling war anders. Atemberaubend anders!

Dieses Fresko aus dem 15. Jahrhundert zeigt, umhüllt von einem einzigen Mantel, drei Personen: Gott Vater als älteren Herrn mit gepflegtem weißem Bärtchen (Typ Öko-Opa), Gott Sohn als netten jungen Mann mit gepflegtem rotem Bärtchen (Typ Pastoralassistent), zwischen den beiden Herren aber etwas Unerhörtes: der Heilige Geist nicht als Taube, sondern als wunderhübsche, verliebt strahlende junge Frau (Typ: Hasch-mich-ich-bin-der-Frühling).

Die Heilige Geistin von Urschalling!

Jetzt war sie entdeckt. Und mit ihr, weit über Tizian hinausführend, eine aufregend neue Dreifaltigkeit: ein junger Herr, ein älterer Herr und zwischen beiden eine wunderhübsche Frau. Das ist nicht ganz, was sich Onkel Joachim unter einer christlichen Familie vorstellt. Aber etwas aufregender als die knochentrockene juristische Dreier-Beziehung Tertullians ist das schon.

Auf der Stelle wurde das harmlose bayrische Kirchlein zu einer Art Lourdes-Grotte des deutschen Feminismus. Lauter hochbegabte junge Theologinnen kamen angepilgert, allen voran aber eine viel ältere, erfahrenere, ja die größte deutsche Theologin des 20. Jahrhunderts. Sie heißt Elisabeth Moltmann-Wendel.

Unter ihrer Ägide, inspiriert durch das sensationelle Gnadenbild von Urschalling, begann ein ganzer Schwarm von hochbegabten jungen Theologinnen die Heilige Geistin zu erforschen.

Allerdings forschten auch die KunsthistorikerInnen und fanden heraus, dass die schöne Geistin von Urschalling wohl vor der Renovation von 1923 nur ein Geist gewesen war, die weiblich schönen Züge wohl eher der Jux eines Renovators, der, da oben einsam im Gewölbe, den Frühling etwas allzu sehr verspürte. Aber das soll uns nicht stören. Die hochbegabten jungen Theologinnen hat es auch nicht gestört. Was sie herausfanden, in einer mehrfachen Rolle rückwärts durch die Religionsgeschichte, ist ein theologischer Kriminalroman.

»Der Heilige Geist«, das klingt weiß Gott männlich. So männlich wie das lateinische Wort, von dem es herkommt: »Spiritus sanctus«. Danach ist es aber auch schon aus mit der historischen Männlichkeit. Der lateinische Spiritus ist nämlich die Übersetzung eines griechischen Wortes. Es heißt »το πνεῦμα« und ist sächlich: *das* Heilige Geist! Dieses sächliche pneuma wiederum ist aber nur die Übersetzung eines hebräischen Wortes. Es heißt »ruach« und ist weiblich: *die* Geist*in*! Ursprünglich ist der Heilige Geist also ganz Frau. Wie auf dem Gnadenbild von Urschalling!

Meine lieben Jungs! Ich bin froh, dass ihr die Mädchen ins Bett geschickt habt. Euch kann ich es ja sagen, weil ihr aus dem Internet längst wisst, was das heißt: Die dritte Person Gottes, der Heilige Geist, ist religionsgeschichtlich ein Transvestit. Der gute alte Kirchenvater Tertullian hatte davon, als er seine sanctissima trinitas ausdachte, keine Ahnung. Juristen haben meistens keine Ahnung.

Etwas anders gesagt, oder besser: so gesagt, wie es euch die Kindergärtnerin schon im Kindergarten beigebracht hat: Die ganze Geschichte der Menschheit ist eine Geschichte der Unterdrückung der Frau durch den Mann. Und der Heilige Geist ist eine Frau, welche die Männer gezwungen haben, sich unter einer Burka – jawohl, unter einer christlichen Burka! – so zu verstecken, dass man sie als Frau gar nicht mehr erkennen konnte.

Jetzt aber, meine lieben kleinen Jungs, klickt doch bitte noch einmal auf euren Laptops folgende Seite an:

http://www.bibleserver.com/index.php.

Habt ihr's? Im allerersten Vers des allerersten Kapitels des allerersten Buches der Bibel heißt es schon: »Und der Geist Gottes schwebte über dem Wasser.« Aber heißt es das wirklich? Die Übersetzung von bibleserver.com ist, wie leider so vieles im Internet, voll daneben. Einmal, das wisst ihr schon, ist es kein männlicher Geist oder spiritus, der über dem Wasser schwebt, auch kein sächliches πνεῦμα, sondern die ruach, die hebräische Geist*in*. Sodann schwebt sie auch gar nicht. Das entsprechende hebräische Wort meint eher die Bewegung eines Vogels. Richtig übersetzt muss es somit heißen: »Und die Geistin Gottes flatterte über dem Wasser.«

Die Heilige Geistin flattert! Es flattert die göttliche Taube! Insgesamt fast vierhundert Mal flattert das Wort »Taube« durch das Alte Testament.

Erkennt ihr jetzt den fatalen, typisch männlichen Fehler, den Jahwe begangen hat, als er seine Konkubine, die Göttin Astarte, verstieß? Ja verstoße sie! Verstoße sie nur! Verstoße sie immer wieder! Verstoße sie durch die Tür, sie kommt durchs Fenster zurück. Als Taube getarnt kommt sie zurückgeflogen!

Nichts anderes nämlich ist die biblische Taube als das uralte Symbol der Liebesgöttin Astarte. Wollte Jahwe wirklich die Welt allein erschaffen? Es gelingt ihm nicht. Vom allerersten Vers der Bibel an schwebt das Weib ruach, flattert die Taube über den Wassern, setzt sie sich sozusagen auf Jahwes Schulter und erschafft die Welt mit ihm zusammen. Ob er will oder nicht.

Jahwe kann gar nicht auftreten, ohne dass Astartes Taube um ihn herumflattert. Als eigentlicher Liebesvogel turtelt sie im Hohenlied König Salomons höchst ungeniert schon wieder mit ihm: »Meine Taube im Felsennest, in der steilen Klippe versteckt, dein Gesicht lass mich sehen, deine Stimme lass mich hören! Denn süß ist deine Stimme, lieblich dein Gesicht« (Hoheslied 2;14).

Lieblich ist das Gesicht der Liebesgöttin Astarte. Jahrtausendelang war es versteckt. Im Gnadenbild von Urschalling (Oberbayern) hat es sich der Menschheit neu offenbart.

So weit die sensationellen Forschungen der feministischen Theologinnen um Elisabeth Moltmann-Wendel. Historisch stimmt das alles. Kritisch einzuwenden ist nur eines: Diese Forscherinnen waren leider fast alle protestantisch. Stockprotestantisch ist Elisabeth Moltmann-Wendel selbst.

Nun habt ihr alle schon im Kindergarten gehört, was die sind, die Protestantinnen und Protestanten. Das sind unsere ökumenischen Schwestern und Brüder. Gegen sie dürft ihr gar keine Vorurteile haben! Das Schlimme ist nur: Unsere protestantischen Schwestern und Brüder haben selber ein Vorurteil. Ein schlimmes Vorurteil gegen die Jungfrau Maria!

Wie anders ist es zu erklären, dass Elisabeth Moltmann-Wendel ein wunderbares Buch über die »Frauen um Jesus« geschrieben hat, mit einem Kapitel für jede, sogar für Maria Magdalena, aber keins für die wichtigste, keins für Maria, die Mutter Jesu? Wie anders ist es zu erklären, dass sich die ursprünglich so sachliche, überzeugende Forschung der Urschalling group bald schon in gespenstische Mutmassungen verlor? Etwa in die Behauptung der berühmten Theologin Chung Hyun Kyung (früher Seoul, jetzt New York), wonach die Heilige Geistin uns nicht nur in der jüdischen Taube erscheint, sondern auch in den alten koreanischen Dorfgespenstern, den Han, vor allem aber in den uralten Gespenstern der australischen Aborigines?

Der Heilige Geist als Gespenst? Höchste Zeit, dass ein anderer kam. Ein Größerer. Einer ohne Vorurteile. Ein Katholik.

Meine lieben Jungs! Kennt ihr das Land, wo der Amazonas fließt? Es heißt Brasilien. Nicht nur der Amazonas fließt da, sondern auch ein wahrer Amazonas an Marienfrömmigkeit. Diesem Amazonas entstiegen ist, wie Jesus aus dem Jordan, der größte Theologe unserer Zeit. Er heißt Leonardo Boff.

In München hatte er studiert und wurde deshalb sofort aufmerksam auf die Sensation von Urschalling. War da nicht alles, was ihm selber längst schon auf der theologischen Zunge lag? Und er schrieb zwei epochale Bücher. Zuerst »A trindade, a sociedade e a libertaçao«, und dann, noch aufregender: »Ave Maria. Das Weibliche und der Heilige Geist«.

Eine neue Zeit, so erfahren wir, ist angebrochen. Das Zeitalter des Heiligen Geistes, erkennbar an »einem ungeheuren Hunger nach Emanzipation und einem brennenden Durst nach Befreiung«. In diese globale libertaçao schreitet uns prophetisch eine Frau voran, in der sich »uns das weibliche Antlitz Gottes zeigt«.

Ave Maria!

»In ihr«, schreibt Leonardo Boff, »fand das radikale und universale Weibliche zu seiner höchsten geschichtlichen Verkörperung.« Sie ist die »mulher libertadora«, die »Befreierin« des ganzen menschlichen Geschlechts. Und wie denn Tertullian den Begriff »Dreifaltigkeit« erfunden hat, so erfindet jetzt Leonardo Boff vor lauter marianischer Revolutionsbegeisterung den Begriff »Pneumatifizierung«. Der Geist der libertaçao, der Geist der Revolution, hat sich in Maria »pneumatifiziert«.

Jungs, guckt mich nicht so an, wie wenn ich spinnen würde. Ich spinne nicht. Ich zitiere Leonardo Boff. Wenn euch das lieber ist, kann ich auch Jean-Paul Sartre zitieren:

»Le néant néantise – das Nichts nichtet.«

Das Nichts nichtet und das Pneuma pneumatifiziert sich. Claro? Oder nicht? Dann soll euch das Leonardo Boff selber erklären: »Das Weibliche gipfelt in der substanziellen Heiligkeit, die der Heilige Geist selbst ist.« Daraus aber folgt, dass Maria selber »göttlich zu sein beginnt«: »Die Jungfrauschaft ist göttlich, die Mutterschaft ist göttlich, die Empfängnis ist göttlich und das Entbinden ist göttlich.«

Maria als Göttin der weiblichen Selbstverwirklichung? Vor dieser letzten Konsequenz der »Pneumatifizierung« schreckt Leonardo Boff zurück. Er wählt ein anderes Bild: »Maria ist voll inthronisiert in das Geheimnis der Heiligen Dreifaltigkeit.«

Versteht ihr's jetzt? Maria ist die vierte Person der Allerheiligsten Dreifaltigkeit! Eigentlich in Familien eine normale Entwicklung. Erst sind es drei, dann sind es auch schon vier.

Jungs, guckt mich nicht so an, als ob da – zwischen dreifaltig und vier – ein logischer Widerspruch wäre. Oder wollt ihr etwa gescheiter sein als Immanuel Kant? Keiner konnte so gut logisch denken wie er. Und doch, wir haben es gesehen, hatte er keine Mühe, sich eine Allerheiligste Dreifaltigkeit mit zehn Personen vorzustellen.

Zwischen vier und zehn ist noch Spielraum. Wusstet ihr, dass bereits eine fünfte Person am Schoß der Dreifaltigkeit anklopft? Sie kommt nicht aus Bayern, nicht aus Korea, nicht aus Australien, nicht aus Brasilien, nein, sie kommt aus Kanada.

Im Internet habt ihr sicher alle gelesen, dass Kanada einen Schutzpatron hat. Das ist der heilige Josef. Deshalb wohl haben die kanadischen Bischöfe auf dem Zweiten Vatikanischen Konzil auf ein Josefs-Dogma gedrängt, und zwar – parallel zum Dogma von der Unbefleckten Empfängnis Mariens – auf ein Dogma von der immerwährenden Keuschheit ihres Gatten Josef. Sie sind damit noch nicht durchgedrungen. Doch im fruchtbaren Untergrund der katholischen Kirche wächst seitdem der Drang nach einem Josefs-Dogma unaufhaltsam. Klickt doch bitte mal in eurem Laptop Wikipedia an, genauer:

fr.wikipedia.org/wiki/Joseph_(Nouveau_Testament).

Da findet ihr im vollen Text ein neues Gebet angepriesen, das sich gerade jetzt in Quebec und in Frankreich rasend schnell verbreitet. Es ist das Ave Josef.

»Gegrüßet seist du, Josef, voll der Gnaden,
Der Herr ist mit dir,
Du bist gebenedeit unter den Männern,
Und gebenedeit ist Jesus, dein gottgeschenkter Pflegesohn.

Heiliger Josef, Erwählter Gottes,
Bitte für uns Sünder,
Jetzt und in der Stunde unseres Todes. Amen.«

So weit Wikipedia. Unser aller Wikipedia!

Dies ist natürlich, in perfekter Analogie, das Ave Maria umgemünzt auf den heiligen Josef. Ein kleiner Unterschied liegt nur im Wort »Pflegesohn«. So ein richtiger Sohn ist das nicht. Aber soll uns das stören? Es gibt ja heutzutage immer mehr Patchwork-Familien. Und das ist gut so. War doch schon die Familie in Nazareth offenbar eine Patchwork-Familie. Und die Allerheiligste Dreifaltigkeit wird, durch den heiligen Josef als fünfte Person, erst recht zu einer Patchwork-Gottheit.

Der Gedanke findet sich bereits in Leonardo Boffs »Ave Maria«, wenn auch nur angetönt. Ausdrücklich sagt er nämlich, dass Maria nicht nur als Gebärerin Jesu, sondern auch als Gattin des heiligen Josef »vergöttlicht« war. Ist aber die Gattin vergöttlicht, dann auch der Gatte, meint ihr nicht? Ist der heilige Josef nicht genauso wie die Jungfrau Maria den Hirtenkindern in Fatima erschienen? Ich sage nur Fatima! Der Schluss liegt zumindest nahe, dass Josef mit Maria aus Fatima in den Himmel aufgefahren ist und jetzt an ihrer Seite als fünfte Person im Schoß der Göttlichen Dreifaltigkeit ruht.

Und die sechste Person?

Leonardo Boff hat da eine überraschende Kandidatin. »Nicht ohne Grund«, schreibt er, »behaupten einige Theologen, der Geist habe eine innere und ontologische Beziehung zur Kirche, die somit zur una mystica persona, das heißt zusammen mit dem Geist zu einer mystischen Person geworden sei.« Die katholische Kirche als sechste Person der Allerheiligsten Dreifaltigkeit? Die Gottheit als sechsköpfige Patchwork-Familie? Offenkundig ist die kreative theologische Entwicklung noch gar nicht abgeschlossen.

Umso drängender stellt sich die Frage, warum Leonardo Boff seinen aufregenden Gedankengang nicht weiterverfolgt und klar zu Ende gebracht hat. Ich will es euch sagen. Oder besser, er soll es euch selber sagen. Klickt einfach auf seine Firmen-Website:

http://www.leonardoBOFF.com.

Da bekennt er es selber: Der berühmteste aller brasilianischen Theologen hat die Kutte des heiligen Franziskus an den postmodernen Nagel gehängt. Dafür ist er mit der geschiedenen Theologin Marcia Maria Monteiro de Miranda sowie ihren sechs Kindern und ihren drei Enkeln aus erster Ehe eine »postmoderne Beziehung« eingegangen. Leonardo Boff ist jetzt also, wie der heilige Josef, »Pflegevater«, aber nicht nur wie Josef von einem Kind, sondern von neun Kindern, »participando«, wie er selber schreibt, »de las alegrías y dolores de la maternidad/paternidad responsable«. Das heißt, ins Deutsche übersetzt: »Ich bin total überlastet.«

Das ist es also, warum man kaum noch etwas von ihm liest! Durch diese insgesamt elfköpfige brasilianische Patchwork-Familie ist Professor Boff, wie jeder Patchwork-Familienvater, so masslos überanstrengt, dass er schlicht keine Zeit mehr findet, weitere Bücher zu schreiben über weitere Personen der Allerheiligsten Dreifaltigkeit.

Meine lieben Jungs! Leonardo Boff hat keine Zeit mehr. Ihr kennt aber alle einen, der Zeit hat. Viel Zeit. Keine eigene Familie hat er, schon gar keine Patchwork-Elferbeziehung, gerade deshalb aber viel viel Zeit. Das ist euer berühmter Onkel Joachim Kardinal Meisner. Die Fackel der Familien-Theologie, die der Hand des Brasilianers entglitten ist, hat der Schlesier beherzt ergriffen, um sie uns leuchtend voranzutragen.

Ganz zufällig kam das nicht. Wie Leonardo Boff, so ist ja, wie ihr selber wisst, euer Onkel Joachim erfüllt von glühender Marienverehrung. Sicher seid ihr alle schon einmal mit Onkel Joachim und dem Deutschen Lourdes-Verein auf Wallfahrt gewesen und habt eine seiner wunderbaren Marien-Predigten gehört: »Ich knie hier vor dir, Maria, wie der Bettler vor dem heiligen Martin. Der Bettler wollte von Sankt Martin den halben Mantel. Ich bin glücklich, Maria, wenn du mir nur ein kleines Zipfelchen deines Mantels gibst.«

Wo auch nur ein kleines Zipfelchen von Maria zu packen ist, da stellt sich sofort außer Leonardo Boff auch Joachim Meisner ein. Und sei's eine Kunstausstellung: »Es sind dort drei Madonnen ausgestellt, die den Typ ›Maria gravida‹ darstellen. Gravida bedeutet die ›schwere‹, die gesegnete Maria, die guter Hoffnung ist. Davor verweilen Frauen besonders lange. Ich will gar nicht fragen warum. Vielleicht spüren sie ihre unüberbietbare Berufung zum Muttersein.«

Mit der gleichen Leidenschaft des Herzens verbindet sich bei eurem Onkel wie bei Leonardo Boff die Marienmystik mit der Familienmystik und der Dreifaltigkeits-Mystik zu einer dreifachen, gewaltig strahlenden theologischen Kernfusion. Hat es nicht schon fast Kamasutra-Dimensionen, wenn Onkel Joachim in einer seiner beliebten Silvesterpredigten wörtlich lehrt: »Das einzige Mittel, Gott ähnlich zu werden, ist, dass man Vater oder Mutter wird.« Manchmal, ihr wisst es, sagt er so etwas auch ganz locker und gar nicht unbedingt erst nach Mitternacht. Dem Kölner Boulevardblatt Express zum Beispiel verriet er augenzwinkernd: »Das eigentlich Schlimme ist nicht, dass ich nicht heiraten darf, sondern dass ich Dinge predigen muss, die ich selbst nicht tun kann.«

In einem Gespräch mit der »Welt« über ein brandneues Thema, nämlich über den Lifestyle der Allerheiligsten Dreifaltigkeit, war er dagegen um höheres theologisches Niveau bemüht. Statt nur so auf jene ominöse Dreifaltigkeits-Ikone, die uns zu Anfang beschäftigt hat, berief er sich diesmal auf die »Kirchenväter«, die großen Theologen der christlichen Antike:

»In diesem Sinne bekannten bereits die Kirchenväter: Vater, Sohn und Heiliger Geist sind die ›sanctissima trinitas increata‹ – die ›heiligste ungeschaffene Dreifaltigkeit‹. Die Familie – Vater, Mutter und Kind – ist die ›sanctissima trinitas creata‹ – die ›heiligste geschaffene Dreifaltigkeit‹. Darum muss der Lebensstil der Familie dem Lebensstil des dreifaltigen Gottes gleichen.«

Meine lieben kleinen Jungs! Leider Gottes kennt sich eure Generation bei den Kirchenvätern genauso wenig aus wie im »Lebensstil des dreifaltigen Gottes«. Dafür habt ihr vielleicht schon einmal in Wikipedia den Namen Voltaire gelesen. Das war ein großer französischer Philosoph. Das Schlimmste, was ihm nach seinem Tod passieren könnte, hat Voltaire geseufzt, wäre wohl, »wie ein Kirchenvater« in einer endlosen Reihe von riesigen Folianten in kirchlichen Bibliotheken »ungelesen zu vermodern«.

Jungs, auf in die Bibliothek eures Onkels! Auf in die Erzbischöfliche Bibliothek zu Köln! Wo vermodern hier die Kirchenväter? Ah, dort links hinten, die Wendeltreppe hoch, schon steht ihr davor: 382 riesige, schwergewichtige Folianten voll »Patrologia graeca et latina«. Und jetzt, Jungs, frisch ans Lesen! Wo ist hier die Rede vom Lifestyle der Allerheiligsten Dreifaltigkeit?

Der weitaus bedeutendste unter den »Kirchenvätern« ist der heilige Augustinus (354–430). Wer auf der Suche nach dem Vergleich zwischen Familie und Dreifaltigkeit mit ihm beginnt, kann nicht fehlgehen. Hat er doch nicht weniger als fünfzehn Bücher über die Allerheiligste Dreifaltigkeit geschrieben. Eins spannender als das andere! Und dann, im zwölften Buch, halt, was steht da?

Heureka!

Ja, da steht es! Und es ist das radikale Gegenteil von dem, was euer Onkel behauptet. Im 5. und im 6. Kapitel des 12. Buches greift der größte aller Kirchenväter jene scharf an, die »so töricht« sind, die Göttliche Dreifaltigkeit mit der menschlichen Familie zu vergleichen. Augustinus macht euren Onkel fertig!

Nicht nur töricht sei es, schreibt Augustinus, sondern schlicht unappetitlich, das Innere der Allerheiligsten Gottheit mit den Zeugungsvorgängen im Ehebett zu vergleichen. Leicht nämlich würden so Phantasien »in die Höhe mitgeschleppt, die man unten verachtet«. Viel schlimmer aber sei es, dass derlei Vergleiche zwischen Dreifaltigkeit und Familie den »nüchternen, klugen Sinn verwirren« und den gläubigen Christen »in gefährlichen Irrtum« fallen lassen.

Was ist der gefährliche Irrtum, den Onkel Joachim verbreitet?

Im Anfang der Schöpfung, so der große Kirchenvater Augustinus, habe Gott als Ebenbild seiner selbst durchaus nicht die Familie geschaffen, sondern den Einzelmenschen. Den ersten Menschen allein, und das mit den Worten: »Lasst uns den Menschen machen nach unserem Bild und Gleichnis.« Diese Einzahl »den Menschen« zusammen mit der Mehrzahl »nach unserem Bild« drückt nach Augustinus die Glaubenswahrheit aus, dass bereits im ersten Menschen die ganze dreifaltige Gottheit – Vater, Sohn und Geist – ebenbildlich da sei. In ihm allein und somit in jedem einzelnen Menschen. Nicht erst in der Familie!

Natürlich weiß auch Augustinus, dass es keine schönere Symbolzahl gibt als die Drei. Aber das braucht doch nicht die Dreiheit Vater-Mutter-Kind zu sein. Umso mehr, als es in der katholischen Familie gewöhnlich viele Kinder sind, nicht nur eins. Umso mehr auch, als der Heilige Geist in Ewigkeit aus dem Vater und dem Sohn (»ex patre filioque«) hervorgeht. Der Gedanke, dass die Mutter aus dem Sohn hervorgeht, ist – nicht nur theologisch – absurd.

Um aber jetzt für euch, meine lieben kleinen Meisner-Jungs, die Lehre des größten aller Kirchenväter schnell umzusetzen in modernes Deutsch: Von Anbeginn der Schöpfung ist der Single, er allein, Gottes Ebenbild. In der menschlichen Familie findet sich Ebenbildlichkeit nur insofern, als jedes einzelne Familienmitglied – für sich allein – Ebenbild Gottes ist.

Aber halt! Stellt sich da nicht der eine große Kirchenvater, Augustinus, gegen den andern großen Kirchenvater, Tertullian?

Nein. Als Tertullian den Begriff »trinitas« erfand, dachte er wohl an drei »personae«. Das ist aber keine Familie. »Persona« war für ihn einmal die juristische Person, sodann aber bedeutete dieses Wort damals vor allem jene Maske, die Schauspieler im römischen Theater trugen, um ihr wahres Gesicht zu verbergen.

»Persona« heißt auf Lateinisch »Maske«! Vater, Sohn und Heiliger Geist sind die drei Masken, unter denen der eine Gott auf der Bühne der christlichen Heilsgeschichte erscheint. Was sich verbirgt hinter den drei Masken, die göttliche Wirklichkeit, weiß kein Mensch. Keine feministische Theologin, kein Befreiungstheologe und schon gar kein Erzbischof von Köln. Feierlich sagt das der größte katholische Theologe, Thomas von Aquin, so:

»Neque catholicus, neque paganus, weder Katholik noch Heide erkennt das Wesen Gottes, wie es in sich selber ist.«

Wer vor lauter törichter Familienmystik etwas anderes behauptet, der, sagt Augustinus, verbreitet im christlichen Volk einen

»gefährlichen Irrtum«, den »die Heilige Schrift offenkundig als falsch erweist«.

Joachim Kardinal Meisner entlarvt als Verkünder gefährlicher Irrtümer! Entlarvt als Verfälscher der Heiligen Schrift – wenn das kein Fall ist für die Heilige Glaubens-Kongregation in Rom! Schließlich hat diese Behörde schon einmal, anno 1559, den Primas von Spanien, Bartolomé de Carranza, verhaftet. Aus dem Bett heraus! Warum nicht nächstens euren Onkel? Auch aus dem Bett heraus! Schließlich hält er sich für den Primas Germaniae.

So lese ich denn in euren jungen Gesichtern zum Schluss nur noch die eine bange Frage: Wie hoch wird die Strafe für Onkel Joachim ausfallen? Das ist nicht meine Sache. Das muss der Papst selber entscheiden. Wenigstens so hoch aber muss die Strafe für Joachim Meisner sein wie 1985 für Leonardo Boff: ein Jahr strengstes Buß-Schweigen ist das Mindeste.

Meine lieben kleinen Jungs aus dem großen Meisner-Klan, guckt nicht so traurig! Glaubt mir, im bewegten Leben eures Onkels wird dies das schönste Jahr. Endlich wird er Zeit finden, sich in seine eigene Bibliothek zu setzen und dort erst einmal selber zu lesen, was er bisher immer nur falsch zitiert hat. 382 Quartbände Patrologia graeca et latina, das ist nicht zu wenig Lesefutter für ein Jahr des Schweigens.

Und dann ist da noch etwas anderes, was ich fast vergessen hätte: die »berühmte«, beziehungsweise »sehr schöne« Dreifaltigkeits-Ikone eures Onkels. Sie bedarf am dringendsten der radikalen Überarbeitung.

Schöner malen, Onkel Joachim!

7. Kapitel

Das Grausen Sören Kierkegaards

Das christliche Denken der Moderne beginnt mit Sören Kierkegaard. Von 1813 bis 1855 hat der dänische Theologe gelebt. Berühmt geworden ist er durch sein Buch »Entweder – oder«. Was er mit diesem Titel meint, hat er, der sich sonst gern kompliziert ausdrückt, verblüffend einfach gesagt:

»Verheirate dich, du wirst es bereuen; verheirate dich nicht, du wirst es auch bereuen. Heirate oder heirate nicht, du wirst beides bereuen. Verlache die Torheiten der Welt, du wirst es bereuen; beweine sie, beides wirst du bereuen. Traue einem Mädchen, du wirst es bereuen; traue ihm nicht, du wirst auch dies bereuen. Fange es an, wie du willst, es wird dich verdrießen. Hänge dich auf, du wirst es bereuen; hänge dich nicht auf, beides wird dich gereuen.«

»Entweder – oder«: Zwei Jahre, bevor er daraus ein Buch machte, war dieser Augenblick fataler Entscheidung in Kierkegaards eigenes Leben gekommen. Das war am 11. Oktober 1841. An diesem Tag hat er sein Verlöbnis mit Regine Olsen aufgelöst. Im lutheranischen Kopenhagen jener Zeit war das ein Skandal.

Dass er es nicht recht machen konnte, so oder so, wusste Kierkegaard. Denn er hat diese Frau geliebt. Sein Leben lang wird ihn die Trennung schmerzen. Und doch hat er mit ihr gebrochen. Denn größer als die Liebe zu Regine war Kierkegaards Grausen vor dem, was nach der Heirat gekommen wäre: vor dem Leben auf dem evangelischen »Pfarrhof«. Pfarrherr werden, Amtsträger und Patriarch in einem, dazu auch noch – zur Erbauung der Gemeinde – lebenslang den besonders vorbildlichen Familienvater spielen? Die Hölle im evangelischen Pfarrhaus, aus welcher der Schwede Ingmar Bergman seine Filme gedreht hat, der Däne Sören Kierkegaard wollte sie nicht erleben.

Er stammte selber aus einer stockprotestantischen Familie. Doch war es nur die Familie eines herrnhuterisch frommen Wollwarenhändlers. In dänischen und deutschen Pfarrhäusern aber hat Kierkegaard die Lebenswirklichkeit des evangelischen Pfarrers kennengelernt. Das endlose Lamentieren über die kläglichen Gehälter. Waren sie so geldgierig, die dänischen Pfarrherren? Ja. Aber nicht für sich selbst. Für ihre Familie! Bis in die späte Nacht war das ein endloses Lamentieren über die Mitgift der Töchter, über das mühselige Fördern der Söhne.

»Man kann nicht von nichts leben. Das hört man so oft, besonders von den Pfarrern. Und gerade die Pfarrer bringen das Kunststück fertig: Das Christentum ist überhaupt nicht da – und doch leben sie davon.«

Was soll das heißen, das Christentum sei »nicht da«? Nicht den Sünder hat Kierkegaard dem Christen als Anti-Typ entgegengestellt, sondern den »Spießer«. Ein Spießbürger ist, wer sich einmauert in eine kleine, relative Welt und so unfähig wird zum unterscheidend Christlichen: zum »Sprung« ins Offene und Absolute. Inbegriff des Spießers aber ist für Kierkegaard der evangelische Pfarrer: »Wenn diese unselige indolente Tradition nicht wäre, dass ein Priester verheiratet sein muss ...«.

Also nicht Pfarrer werden, sondern Schriftsteller. Thomas Mann wird es mit großer Mühe schaffen, Schriftsteller zu sein und Papa zugleich. Kierkegaard hielt dies für unmöglich. »Aut liberi aut libri«, sagten die Alten. Kierkegaard wird das noch entschiedener ausdrücken. »Überhaupt«, schreibt er in der »Krankheit zum Tode«, »ist das Bedürfnis nach Einsamkeit ein Zeichen dafür, dass in einem Menschen Geist ist, und der Maßstab dafür, was an Geist da ist.«

»Victor Eremita« ist das Pseudonym, unter dem er sein »Entweder – oder« veröffentlicht. Das heißt »der siegreiche Einsiedler«. Mitten in der protestantischen Spießergesellschaft Kopenhagens will Sören Kierkegaard leben wie ein ägyptischer Wüstenvater. Und er schickt Regine Olsen den Verlobungsring zurück.

Wie, wenn der Eremit von Kopenhagen heute wiederkäme? Nicht in die dänische Staatskirche, sondern in die EKD?

Nichts hätte ein Kierkegaard gegen eine Bischöfin, die sich scheiden lässt. Nichts hätte er gegen eine Ratsvorsitzende der Evangelischen Kirche, die am Samstagabend zu viel trinkt. Kierkegaard selber hat nicht nur gern zu viel getrunken, sondern dabei auch noch viel zu viel geraucht. Eines nur würde er Margot Käßmann übelnehmen. Tausendmal, abertausendmal, vor jedem Vortrag, jeder Podiumsdiskussion, hat Deutschlands Vorzeige-Protestantin sich vorgestellt als »Mutter von vier Töchtern«. Kierkegaard hatte durchaus Sinn für schöne Töchter. »Aber Frau Käßmann«, hätte er gefragt, »was haben solche Leistungen im Ehebett, im Kindsbett zu tun mit dem Evangelium Jesu Christi?«

Nichts.

Manches, das sähe Kierkegaard schnell, ist ein bisschen besser geworden in der evangelischen Kirche, dort vor allem, wo es früher am schlimmsten war: im Pfarrhaus. Ein Pfarrer kann jetzt, wenn es sein muss, ledig bleiben, eine Pfarrerin kann sich, wenn es sein muss, scheiden lassen. Aus den meisten evangelischen Pfarrhäusern gehen auch die Kinder nicht mehr so beschädigt hervor wie einst ein Ingmar Bergman, ein C. G. Jung. Und doch leuchten in jedem Gemeindesaal die protestantischen Augen alle auf, wenn Margot Käßmann sich zum abertausendsten Mal als »Mutter von vier Töchtern« vorstellt.

Einmal habe ich neben ihr gesessen. Und als ich mich nach ihr vorstellen musste, ist es mir herausgerutscht: »Ich bin nicht Vater von vier Töchtern.« Einen Augenblick herrschte Beklemmung im Saal. Doch dann ein Zuruf voll erlösendem protestantischem Humor: »Aber Sie sind doch sicher Vater von vier Söhnen!«

Selbst wenn Margot Käßmann zurücktritt, müssen, mangels Ehemann, die vier Töchter alle unbedingt dabei sein.

Zeitgemäss ein bisschen gewandelt, doch unausrottbar, lebt der Familienkult im deutschen Protestantismus fort. Am stärksten dort, wo die Frömmigkeit am stärksten ist. Im freikirchlichen Untergrund. Da grassiert neuerdings, aus Amerika kommend, das Ideal des home schooling. Nur in der Familie, bei Vater und Mutter daheim, dürfen die protestantischsten aller Kinder lernen. Auf keinen Fall dürfen sie in Kontakt kommen mit der heidnischen Allgemeinheit. Mit den unchristlichen Kindern in den – zweifellos unchristlichen – staatlichen Schulen. Das wäre Verführung zur Sünde. »Extra Ecclesiam nulla salus?« Nein, das wiederum wäre katholisch. »Extra familiam nulla salus«, »außerhalb der Familie ist kein Heil« heißt die Devise, nach der bei uns erst ein paar hundert, in Amerika aber schon zwei Millionen evangelikale Home-school-Kinder in der Familie unterrichtet werden – doppelt so viele wie vor zehn Jahren. Und es werden immer mehr.

So ist das im Untergrund. Und was tut sich in der Hochkirche?

Sören Kierkegaard hat die dänische Staats-Kirken gehasst. Würde er die EKD lieben? Was würde er sagen zu ihren hochoffiziellen Erklärungen, etwa zur Familienpolitischen Forderung Nr. 73?

»Menschen wollen Familie« heißt es da unter dem ergreifenden Bild einer christlichen Oma, die mit ihrem christlichen Enkel Nase an Nase knutscht. Empirisch allerdings stellt Nr. 73 genau das Gegenteil fest, dass nämlich »Wunsch und Wirklichkeit weit auseinanderklaffen«. »Die Überwindung dieses die Zukunft unserer Gesellschaft bedrohenden Widerspruchs erfordert äußerste Anstrengungen. Vor allem bedarf es einer erheblichen gesellschaftlichen Aufwertung aller Varianten von Familientätigkeit.«

Hat sich in Luthers Kirche etwas geändert seit der Zeit, als ein dänischer Theologe seiner Braut den Ring zurückschickte? Ein bisschen etwas schon. Doch so wenig als möglich.

Wie aber jetzt, wenn Sören Kierkegaard wiederkäme, um sich in unseren ökumenischen Tagen bei seinen katholischen Schwestern und Brüdern umzuschauen?

Er gilt als einer der ganz wenigen großen christlichen Satiriker. Satire ist die Lust am eigentlich Verhassten. Zum Satiriker wurde Sören Kierkegaard jedes Mal, wenn sein Erzfeind, Bischof Jacob Peter Mynster, in der Kopenhagener Schlosskirche auf die Kanzel stieg. Jedes Wort, das Bischof Mynster predigte, kam Kierkegaard vor wie eine Parodie des Christentums.

Würde Sören Kierkegaard wieder eine Satire schreiben, wenn er heute im Hohen Dom zu Köln in eine Predigt von Erzbischof Joachim Meisner geriete? Wenn er anhören müsste, wie der Kölner Kardinal zum hundertsten Mal von seiner »berühmten Ikone« erzählt? Wie er Ehe und Familie zum hundertsten Mal zum »pastoralen und caritativen Schwerpunkt« erklärt? Wie Meisner das Banalste, was es auf Erden gibt, die Ein-Kind-Familie, vor mäuschenstill ergebenen Gläubigen hochlobt bis ins innerste Geheimnis der Gottheit? Wie er behauptet, göttlich werde der Mensch bei der Zeugung im Ehebett? Wenn er gar die Familie zum Inbegriff des göttlichen »Kosmos« erklärt, zur christlichen Bastion gegen das »Chaos« moderner Lebensweisen? Würde dies einen Sören Kierkegaard zur Satire inspirieren?

Nein. Hastig würde er seinen Zylinder aufsetzen. Fliehen würde der Lutheraner aus dem Hohen Dom zu Köln.

Fliehen ja. Aber wohin?

Nur nicht aufs »Forum deutscher Katholiken«! Da würde ihm Eva Herman etwas vorpredigen über ihr Lieblingsthema: »Warum wir die Familie retten müssen«. Und würde dafür endlos bejubelt. Sie, die gefeierte Fernseh-Märtyrerin hoch auf allen Altären katholischer Familiengläubigkeit. Darüber eine Satire?

Nein. Fliehen würde Sören Kierkegaard aus dem »Forum deutscher Katholiken«. Mit Gehrock, Stock und Zylinder fliehen mitten heraus aus den standing ovations für Eva Herman.

Fliehen ja, aber wohin?

Wie wär's mit etwas aufregend Modernem? Wie wär's mit Kierkegaard bei der »Aktion Kirche und Kino«?

Da träfe er lauter Fans von Jesus Christ. Das ist aber nicht jener Christus, an den ein Kierkegaard geglaubt hat. Im christlichen Kino heißt der Erlöser Mel Gibson. 200.000 Deutsche sind gleich in den ersten drei Tagen ins Kino gerannt, um seine »Passion of the Christ« mitzuerleben. Zwei Stunden Blut, Horror und Gewalt und somit der erfolgreichste religiöse Film aller Zeiten. 611 Millionen Dollar hat er eingespielt. Und es war ein gänzlich anderes Publikum in den Kinos als bei andern Horrorfilmen. Katholiken und Protestanten, alle Frommen kamen.

Behauptet da jemand noch, »Jesus« und »Familienvater« seien zwei unvereinbare Begriffe? Das kann nur einer sein, der kein Fan von Mel Gibson ist. Stammt er doch, als echter Hardcore-Katholik, aus einer Familie mit elf Kindern. Hat selber auch schon acht Kinder in die Welt gesetzt. Und es werden noch viel mehr.

Flucht aus dem christlichen Kino! Flucht ja, aber wohin?

Nur nicht in den Augsburger Dom!

Warum gähnt das verlassene Kirchenschiff so gespenstisch leer? Da vorn, auf dem steinernen Bischofsthron hat er doch eben noch gesessen: Deutschlands grösster Familienfreund, Bischof em. Walter Mixa. Hier hat er sich wortgewaltig empört über das viel zu niedrige deutsche Kindergeld, diese »Beleidigung und grobe Missachtung der Leistung von Familien für unsere Gesellschaft«! Empört über über den Begriff »Herdprämie«, diese »schlimme Diffamierung und Respektlosigkeit gegenüber Eltern, die ihre Kinder nicht in eine Krippe schicken, sondern zu Hause betreuen«!

Familienfreund Mixa ist gefallen. Doch der gute Kampf geht weiter. Unverdrossen kämpft an Mixas Statt der »Familienbund der Katholiken im Bistum Augsburg« für die zukunftsweisende Idee, das Erwachsenen-Wahlrecht in Deutschland abzuschaffen. Und an seiner Stelle das »Familienwahlrecht« einzuführen. Wenn eine Familie mit sechs Kindern künftig statt zwei acht Stimmen hätte, würde da nicht Deutschland wieder christlich, Herr Kierkegaard?

Flucht aus dem Augsburger Dom!

Wohin? Vielleicht haben wir ihm nur die falschen Adressen gegeben. Vielleicht müsste Kierkegaard mal zur innerkatholischen Opposition.

Innerkatholische Opposition? Wo? Wie?

Am ehesten noch in Brasilien. Da hat, von Rom verdammt, die Theologie der Befreiung ihren »Sitz im Leben«. Allerdings, wir haben das schon gesehen, ist dieser revolutionäre Sitz im Leben inzwischen eine elfköpfige Familie. Wie stellt sich Familie Boff die Befreiung der Menschheit vor?

Originalton Leonardo Boff: »Wenn wir uns ein volles, rundes Menschsein vorstellen wollen, denken wir an das Gefühl, an einer mütterlichen, grenzenlosen Brust geborgen zu sein.« Wird sich die befreite Menschheit eines Tages so am grenzenlosen Busen einer mütterlichen Gottheit milliardenfach zusammenkuscheln? Es steht zu befürchten.

Nichts wie raus aus Brasilien! Zurück in die protestantische Staats-Kirken von Dänemark!

Oder wollen wir Kierkegaard doch noch einen letzten Besuch bei uns zumuten? Nicht bei irgendwelchen Bischöfen und Berufskatholiken, sondern bei uns selber? Herzlich willkommen, Sören Kierkegaard, auf unserem ganz normalen katholischen Pfarrgemeindefest!

Früher, vor dem Zweiten Vatikanischen Konzil, war die katholische Gemeinde eine Verklumpung von etwa zweihundert Familien. Jetzt, nach all den Reformen, ist sie ein Ristretto von etwa zwanzig Familien. Man werfe nur einen Blick aufs Schwarze Brett vor dem Gemeindesaal: Sei's der Pfarrgemeinderat, sei's die MinistrantInnen-Schar, die Familiennamen sind überall dieselben.

Doch dann kommt das Gemeindefest. Das hat es früher gar nicht gegeben. Früher gingen ja alle in die Kirche. Jetzt nicht mehr. Dafür kommen jetzt alle aufs Gemeindefest.

Jubel, Trubel, Heiterkeit. Lampions, Ballons, Girlanden. Unterhaltung für Groß und Klein. Dabei ist der Höhepunkt noch gar nicht erreicht. Gleich kommt Willibert Pauels, »Diakon und Büttenclown«. Wenn er mit seiner roten Pappnase im Pfarrgemeindesaal auf die Bühne tritt, dann nimmt das frohe Kindergeschrei kein Ende.

Der eigentliche Mittelpunkt des Gemeindefestes aber ist draußen aufgebaut. Das ist die Hüpfburg. Kein katholisches Fest ohne Hüpfburg. So begeistert hüpfen Groß und Klein, als wären sie nicht bei der katholischen Kirche zu Gast, sondern im Kinderparadies von Ikea.

Ei, was ist nur los mit Sören Kierkegaard? Er sieht aus, als ob ihn im nächsten Augenblick der Schlag treffen würde.

Vielleicht ist ihm nur der ganze Lärm zu viel. Vielleicht braucht er nur Ruhe. Ruhe vor all den Familien. Bringen wir ihn am besten in unsere Pfarrbücherei. Da ist es ruhig. Sehr ruhig sogar. Und die Bibliothekarin empfängt ihn mit einem so mütterlich gütigen Lächeln, dass er die Frage wagt: »Haben Sie etwas für mich? Ich meine etwas für Zölibatäre, für Singles, Sie wissen schon?«

»Aber natürlich! Hier: ›*Damit andere leben können.*‹ Das berühmte Buch über Pater Maximilian Kolbe. Sie kennen ihn sicher!«

»Nein.«

»Nicht? Das ist der heilige Pater, der als Single bewusst in den Tod gegangen ist, damit an seiner Stelle eine Familie lebt. Wollen Sie das Buch gleich mitnehmen?«

»Nein!«

»Dann vielleicht das hier? Gerade eingetroffen: ›*Dem Geheimnis auf der Spur. In der Familie Gott erfahren.*‹ Der neue Bestseller von Annegret Hiekisch.«

»Nein danke!«

»Oder hier, wird viel gelesen in unserer Gemeinde: ›*Mit Kindern kommt Gott ins Haus.*‹ Von Christiane Bundschuh-Schramm. Schauen Sie nur das süße Mädchen mit den Zöpfen auf dem Umschlag!«

»Nein danke!«

»Das da aber wird Ihnen sicher viel schenken: ›*Als Familie im Glauben wachsen.*‹ Von Meike Wagener-Esser. Aus einem ganz katholischen Verlag in Würzburg!«

»Nein danke!«

»Also dann etwas ganz Lebensnahes. Wird auch von Männern viel gelesen: ›*Es geht auch ohne Windeln! Der sanfte Weg zur natürlichen Babypflege.*‹ Von Ingrid Bauer. Die berühmte! Kennen Sie doch auch!«

»Nej Nej! Tak tak!«

»Sie reden, als gehörten Sie nicht zu unserer Gemeinde! Dann sagen Sie mir doch bitte selber, was Sie interessiert!«

»Ich bin Däne und interessiere mich für Satire.«

»Ja, warum haben Sie das nicht gleich gesagt! Wir haben Hunderte von solchen Büchern. Echter Humor für die ganze Familie! Hier! ›*Da lacht selbst Petrus mit – Kirchenwitze aus dem Volk.*‹ Die berühmte Sammlung von Diplom-Theologin Simone Rüd! Hunderte von Witzen aus goldenem Kindermund. Soll ich Ihnen einen erzählen?«

»Nein danke!«

»Hören Sie zu: ›*Unser kleiner Franz ist zum ersten Mal in der Kirche. Als sein Blick auf die Kirchenorgeln fällt, bemerkt er keck: Tolle Musik aus den Auspuffrohren!*‹ Ist das nicht lustig?«

»Nein!«

»Lieber etwas Anspruchsvolleres? Das hier ist unser bestes Buch: *Hans Conrad Zander:* ›*Warum waren die Mönche so dick?*‹ Da lacht die ganze Familie Tränen!«

Raus aus der Pfarrbücherei!

»Sygdommen til Døden« ist der Titel jenes berühmten Buches von Sören Kierkegaard, das in unserer Gemeindebücherei leider fehlt. »Die Krankheit zum Tode« heißt das auf Deutsch, ist eigentlich ein Bibelzitat (Johannes 11;4) und bedeutet manches. Zu Kierkegaards Lebzeiten hätte ein dänischer Protestant wohl gesagt, die Krankheit zum Tode der katholischen Kirche sei ihre unheilbare Rückständigkeit. Heute würde Kierkegaard selber sagen: Die Krankheit zum Tode der katholischen Kirche ist nicht die alte Rückständigkeit, sondern der neue Familienkult. Der neue Infantilismus. Der Hüpfburg-Katholizismus.

Ist denn auf unserem ganzen Pfarrgemeindefest kein einziger Mensch zu finden, der ähnlich lebt und somit auch ähnlich denkt wie der große Däne? Der einen Rest von humanistischer Bildung hat? Mit dem ein Sören Kierkegaard ein paar erwachsene Gedanken austauschen könnte?

Einer wohl ja. Der Pfarrer. Wo mag er nur sein?

Besser hätte Kierkegaard nicht nach ihm gefragt. So betreten reagieren alle. »Meinen Sie vielleicht unser Seelsorge-Team?«, versucht ihn jemand abzulenken. »Da drüben sitzt der Pastoralassistent. Dort! Seine Kinder sind gerade alle in der Hüpfburg!«

Hüpfburg hin, Hüpfburg her, wo ist der Pfarrer selbst?

Da umfloren sich alle Blicke. »Der kommt nur noch ganz selten.« – »Wir sind auch jedes Mal froh, wenn er wieder weg ist.« – »Wir passen alle zusammen wie der Teufel auf, dass er keins von unseren Kindern schändet.« – »Aber es heißt ja, er sei jetzt in einer Therapie.«

12.052 Fälle von Kindsmissbrauch wurden im Jahr 2008 der deutschen Polizei gemeldet. In wie vielen Fällen war ein katholischer Priester der Schuldige? Das steht in keiner statistischen Tabelle. Wird da etwas »vertuscht«? Nein, antworten amerikanische Statistiker auf die gleiche Frage, die Gruppe »katholische Priester« sei, was sexuelle Übergriffe angeht, ganz einfach »statistisch nicht relevant«. Selbst in den weiten, großen USA sind es viel zu wenig Fälle, um auch nur eine eigene statistische Kategorie zu ergeben. In Deutschland sind sie, Jahr für Jahr, abzuzählen an einer Hand. Im schlimmsten Fall sind es höchstens 0,05 % der pädophilen Übergriffe.

»Statistisch relevant«, ja sogar »hochsignifikant relevant« ist dafür die entgegengesetzte Kategorie: die Familie. Nicht 0,05 %, sondern 48,3 %, etwa die Hälfte aller pädophilen Straftäter stammen aus der Familie selber – Väter, Brüder, Onkel – oder aus ihrem allerengsten Bekanntenkreis. Jahr für Jahr, sechstausend. So sehr ist Pädophilie eine Pathologie der Familie, dass man sie ruhig Familiophilie nennen könnte.

Wer Kinder wirklich liebt und sie schützen will, der schütze sie nicht vor dem katholischen Priester, sondern vor dem Vater, dem Onkel, dem Nachbarn, vor den Porno-Videos, aus denen Millionen Familienväter ihre sexuellen Phantasien beziehen. Sie stammen aus keiner Pfarrbücherei.

Und doch hört keiner zu, wenn Hans-Ludwig Kröber, Professor an der Berliner Charité – kein Papist, sondern der erfahrenste Kriminalpsychiater –, die Wahrscheinlichkeit, dass ein Mann zum pädophilen Straftäter wird, bei zölibatären Priestern für 36 mal geringer hält als bei unverheirateten Männern anderer Berufe. Keiner hört zu, wenn Christian Pfeiffer, Professor in Hannover – kein Papist, sondern der erfahrenste Jugendpsychologe –, kategorisch die Vermutung zurückweist, der Zölibat führe zur Pädophilie.

Warum hört keiner zu? Weil keiner zuhören will. In kollektiver moralischer Empörung starrt die Nation, für einmal ökumenisch vereint, auf den katholischen Priester, dieses Monstrum sexueller Perversion. So etwas nannte man einst, in Sigmund Freuds aufgeklärten Zeiten, eine »kollektive Hysterie«.

Tief drückt Sören Kierkegaard seinen Zylinder in die Stirn. Ängstlich späht er nach allen Seiten: »Wenn die nur nicht merken, dass ich ein zölibatärer Theologe bin. Die würden ja gleich die Polizei rufen! Dabei bin ich doch evangelisch!«

Das würde ihm nicht viel helfen auf unserem katholischen Gemeindefest. Niemand empört sich ja so hysterisch über den pädophilen Priester wie die katholische Kirche selber. Papst Benedikt äußert »tiefe Erschütterung« und fordert »Null-Toleranz«, um »diesen Dreck« aus der Kirche zu tilgen. Der ganze Jesuitenorden geht in Sack und Asche. Irische Bischöfe treten im Verein zurück. Amerikanische Bistümer gehen vor Scham pleite. Kurienkardinal Kasper tut aller Welt »große Traurigkeit, tiefe Enttäuschung, Schmerz und viel, viel Wut« kund über »diese abscheulichen Verbrechen«. Dass Horst-Eberhard Richter einmal, es ist noch gar nicht lange her, vom »Patienten Familie« sprechen konnte, und dass dieser Patient, wenn es um Pädophilie geht, unvergleichlich mehr Aufmerksamkeit braucht als der priesterliche Single, fällt niemandem mehr ein. Am wenigsten dem katholischen Klerus selbst.

Sein Haupt würde Sören Kierkegaard verhüllen in ökumenischer Scham. Kirche der Wüstenväter, Kirche des heiligen Single von Assisi, Kirche der Großen Theresia, Kirche Jesu Christi, was ist dir passiert?

Nichts Lustiges.

In archaischer Weise folgen religiöse Institutionen dem Gesetz der Vegetation. Sie wachsen, blühen und altern wie Bäume. Zum Schluss vertrocknet, vermodert und zerbricht der Baum. So ist es mit dem katholischen Zölibat. Wie überaltert, vertrocknet und vermodert dieser einst blühende antike Baum ist, spüren alle. Die große Mehrheit möchte den Baum jetzt fällen.

Es gibt aber zwei Arten, sich von alten Dingen zu trennen. Eine gute und eine schlechte. Die gute trennt sich von alten Dingen in aller Achtung. Sie ist edlen Seelen vorbehalten. Edle Seelen sind selten. Die erdrückende Mehrheit der Menschen stößt alte Dinge mit Hohn und Verachtung ab. Ja, der Vulgäre, der Barbar, kennt keine größere Lust, als das Alte kaputt zu treten.

Nächst dem Mord das wirksamste Mittel der Vernichtung ist aber die sexuelle Entwürdigung. Hört gut zu, wenn ein vulgärer Jüngling an der Straßenecke einen andern fertigmachen will. Das fängt mit »du motherfucker!« an. Geht der Zölibat zugrunde, so muss er zugrunde gehen in sexueller Infamie. Das ist das Gesetz der Welt. Das ist der Grund der pädophilen Hysterie.

»Entweder – oder«, hat Kierkegaard gesagt, entweder sich aufhängen oder sich nicht aufhängen.

Sich aufhängen vor Gram über den Zölibat? Welch unchristlicher Gedanke!

Die wahre Alternative lautet: Entweder sich aufhängen oder Sören Kierkegaard lesen. Ich empfehle seine »Einübung im Christentum«. 1850 hat er sie veröffentlicht. Ursprünglich wollte er ihr den Titel geben »Versuch, das Christentum in die Christenheit einzuführen«.

Nach Kierkegaard unterscheidet sich das Christentum von der Christenheit wie die Freiheit vom Zwang. Zu den Zwangsanstalten der Christenheit zählt er aber nicht nur das dänische Staatskirchentum, sondern, als guter Lutheraner, den katholischen Klerus noch viel mehr. Mit seinen Gelübden und Uniformen. Mit seiner Scheidung vom Volk. »Es geht nicht darum«, wird er in seinen Tagebüchern schreiben, »dass der Priester unverheiratet ist, sondern dass der Christ unverheiratet ist.«

Mag der Zölibat ein historisches Memorial sein für die ursprüngliche Freiheit christlichen Lebens in der urbanen Szene der Antike, jetzt, in seiner überalterten Wirklichkeit, als Lebensweise klerikaler Amtsträger, ist er nur noch ein epigonales Monument des Zwangs. Nicht junges Christentum ist er, sondern späteste Christenheit. Von innen heraus betrachtet, ist er das Gegenteil jener unabhängigen, freien Lebensweise, die der Eremita von Kopenhagen für sich gewählt hat. Mitten in der Christenheit.

Wie üben wir uns, mitten in der Christenheit, wieder ein im Christentum?

Am besten, findet Kierkegaard, durch die »Einübung im Heidentum«. Am besten durch die Bekehrung zur weltlichen Normalität: »dass das Individuum ganz wie alle anderen ist«, sagt Kierkegaard, »dass im Äußeren gar nichts zu merken ist«. Mit andern Worten: Am ehesten lässt sich das Christentum dort verwirklichen, wo äußerlich von ihm gar nichts zu merken ist.

Was für ein Fehler war es doch, einen Sören Kierkegaard in den Kölner Dom zu führen. Gar in den Augsburger Dom. Gar auf unser albernes Pfarrgemeindefest. Sich im Heidentum einüben? Dafür gibt es in Deutschland einen idealen Ort:

Auf nach Berlin!

An Berlin hätte Kierkegaard keine sehr gute Erinnerung. Dorthin ist er nach seinem Bruch mit Regine Olsen geflohen. Doch zu groß war sein zölibatäres Liebesleid, als dass er in Berlin am städtischen Leben so teilgenommen hätte wie in Kopenhagen. Nur Tagebuch hat er geschrieben. Nur die Theologie hatte ihn nach Berlin gelockt. Für evangelische Theologen war Berlin damals die Stadt der Städte. Aber kann man von Theologie allein leben? Schon nach einem halben Jahr wollte Kierkegaard wieder heim nach Kopenhagen.

Käme er heute ins Berlin des 21. Jahrhunderts, das Urteil des dänischen Satirikers fiele anders aus und günstiger: Berlin ist der ideale Ort für die Einübung im Heidentum!

Nicht dass Berlin ein Ort für heidnische Siegesfeiern wäre. Und doch würde es sich lohnen, unter der Siegessäule im Tiergarten noch einmal jene Art von Siegesfeier abzuhalten, die Kaiser Augustus auf das Forum in Rom einberufen hat: »Familien nach rechts! Singles nach links!«

Ob sich überhaupt jemand nach rechts bewegen würde?

Etwas Bewegung wäre da schon. Unsere muslimischen Brüder und Schwestern würden dafür sorgen, dass keine gähnende Leere wäre rechts von der Siegessäule. Aber die Heiden? Aber die Christen?

Ziemlich genau die Hälfte der Haushalte in Berlin sind Einpersonen-Haushalte. Mancher verwechselt die Haushalte mit den Personen und meint, die Hälfte aller Berliner seien Singles. Das nicht. Aber zählen wir doch alle jene jungen Singles hinzu, die mit mehreren andern Singles zusammenwohnen. Zählen wir vor allem jene Berlinerinnen und Berliner hinzu, die noch in Familien wohnen, aber wie Singles leben. Eine unabsehbare Menschenmenge würde sich sammeln, links von der Siegessäule in Berlin.

Und wie in Berlin, so in Treuenbrietzen, in Quadrath-Ichendorf, in Memmingen: Von den jüngeren Deutschen im heiratsfähigen Alter ist, dem Bundesinstitut für Bevölkerungsforschung zufolge, bei einem guten Drittel der Frauen und bei fast vierzig Prozent der Männer davon auszugehen, dass sie nie eine Familie gründen werden.

Gottes Wege sind unerforschlich. Zur selben Zeit, da in der katholischen Kirche der letzte museale Rest der antiken Single-Szene untergeht in sexueller Schmach, blüht eben diese Lebensweise im modernen Heidentum ungeniert und mächtig auf.

»Einübung im Heidentum«. Als christlicher Single unter heidnischen Singles leben. Ohne Gelübde, ohne Amt, ohne Mönchskutte, ohne römischen Kragen. Ohne kirchliche Lizenz. Ohne irgendeine äußere Unterscheidung. Ganz einfach im Sinne Kierkegaards das Christentum von innen heraus leben. In äußerer Normalität. Berlin, die Hauptstadt der Singles, ist dafür der ideale Ort. Wie wäre es einem Kierkegaard in Berlin heute wohl!

Als »Dandy« war der junge Kierkegaard in Kopenhagen stadtbekannt. In den Cafés an der Ströget-Promenade, im Theater, in der Oper war er Stammgast. Und heute in Berlin? Ohne das längst vergangene Herzeleid um Regine würde es ihm heute in Berlin noch besser gefallen als in Kopenhagen.

Und doch würde ihm, dem unbestechlichen Beobachter aller christlichen und aller heidnischen Dinge, nach einer Weile etwas auffallen. Etwas stimmt nicht ganz mit der Berliner Single-Szene. Was es nur sein mag? Sollen wir es ihm verraten? »Herr Kierkegaard, Sie sind noch immer am falschen Ort. Die eigentliche Berliner Single-Szene ist gar nicht in Berlin, sondern in Zürich!«

Auf in die Stadt Ulrich Zwinglis!

Jeden Monat wandern rund tausend Deutsche nach Zürich ein. Und es sind nicht irgendwelche Deutschen. Junge Ärzte, Ingenieure, Wissenschaftler, Informatiker, höchstens 32 Jahre im Durchschnitt alt, in der übergroßen Mehrheit Singles. Singles sind mobil und flexibel, gewiss. Aber da ist noch ein ganz anderer Grund, warum Abertausende von Singles aus Hamburg, Kiel, Frankfurt und Berlin nach Zürich fliehen. Wie einst die Singles Ägyptens vor dem römischen Steuervogt in die Oasen Nitriens flohen, so fliehen jetzt die deutschen Singles in die Steueroase Zürich. Nicht etwa, dass sie nur ihr Geld da hintrügen, wie so mancher unbesonnene Familienvater. Nein, mit Haut und Haaren wandern sie selber aus in die Schweiz. Von »Kaufleuten« bis ins »Seefeld«, durch die ganze Zürcher Single-Szene schmeicheln dem schweizerischen Ohr nur noch die wundersam melodischen Laute aus Berlin. Nicht obwohl, sondern weil sie Singles sind, werden diese Deutschen nämlich in der Schweiz unvergleichlich milder besteuert als daheim im Reich.

Ersparen wir es uns, zwei so verschiedene Steuersysteme wie

das schweizerische und das deutsche in all ihren dädalischen Komplikationen miteinander zu vergleichen. So viel möge genügen: Deutschland sperrt den Single lebenslänglich in die Steuerklasse I. Das ist die schlimmstmögliche Besteuerung. In der Schweiz dagegen gilt für beide, für Familie und Single, das gerechte Prinzip der Gleichheit vor dem Fiskus. Wohl kann die Familie ein paar Möglichkeiten der Absetzung wahrnehmen. Groß sind sie nicht. Sobald aber beide, Vater und Mutter, verdienen – das ist in der Schweiz der Normalfall –, werden die beiden Gehälter steuerlich addiert und geraten so in eine viel höhere Progressionsstufe. Auch wenn sie einiges absetzen können, zahlen die beiden Eltern doch zusammen viel mehr Steuern, als wenn sie Singles geblieben wären. So kommt es, dass ein deutscher Single in Zürich nicht nur doppelt so viel verdient wie in Berlin, sondern auch nur halb so viel Steuern bezahlt.

Das ist ein wahrhaft christliches Steuersystem! Verhältnisse sind das, wie sie einst Kaiser Konstantin schuf, als er mit der staatlichen Anerkennung des Christentums gleichzeitig auch der steuerlichen Drangsalierung der Singles ein Ende setzte. Mit seiner extremen Benachteiligung der Singles ist dagegen das deutsche Steuersystem ein einziger Rückfall in den heidnischen Steuerterror gegen die Singles einst unter Kaiser Augustus.

Wenn nicht in etwas noch Schlimmeres.

Schmerzlich erinnert die fiskalische Verfolgung der Singles in Deutschland an die berüchtigte جزية, die Kopfsteuer für die Christen im Osmanischen Reich. Diese erdrückende Steuer war nicht nur die Haupteinnahmequelle des muslimischen Staates, sie wurde auch theologisch als »Rechtleitung« begründet, das heißt als nichtmilitärischer Zwang zwecks Bekehrung der Christen zum Islam. Genauso ist es ja die zutiefst unchristliche Intention des deutschen Gesetzgebers, die Singles durch exorbitante Besteuerung auf nichtmilitärische Art ins Familienleben zu zwingen. Kryptoislamisch ist das deutsche Steuersystem!

»Einer trage des anderen Last« (Galater 6;2). Ganz im Sinne des Galaterbriefs finanziert der deutsche Single die deutsche Familie. Wie ist es da möglich, dass gerade in diesem Land der Single an allen Stammtischen, allen Familientischen angeprangert wird als »Egoist« und gar als »Hedonist«.

Ich will es euch sagen. Nichts steckt dahinter als böser, blanker Neid.

Den ganzen Tag hat der christliche Familienvater den Lärm und Stress am Arbeitsplatz ertragen. Und immer wieder hat er sich gesagt: »Das alles ertrage ich meiner Familie zuliebe. Bald geht es heim zu meinen Lieben.«

Und es geht heim. Von Stau zu Stau, immer in der Kolonne mit tausend anderen Papis, fährt er endlose Kilometer heim ins Grüne. Dahin, wo es die Kinder schön haben sollen. In die schicke Einfamilienhaus-Siedlung weit droben in der Schnee-Eifel. Oder sonst an einen unwirtlichen Ort. Da draußen am Busen seiner grünen Witwe wird er sich ausruhen können. »Hoffentlich«, seufzt er, während er in den Carport einfährt, »hoffentlich sind die Kleinen schon im Bett.«

Irrtum.

Bauklötze fliegen durch die Luft. Zwischen den Tischbeinen spielen die Zwillinge Räuber und Gendarm. Jetzt hat noch die Kleinste ihren Schnuller verloren. Aus der Bude des Ältesten, oben unterm Dach, röhrt Heavy Metal herab. »L'enfer, c'est les autres«, hat Sartre gesagt. Sartre war Heide und hatte keine Ahnung, was Familienleben ist.

L'enfer, c'est la famille.

Bekümmert mustert die christliche Hausfrau ihren christlichen Gatten. Den ganzen Tag hat sie einsam im Grünen darauf gewartet, sich mit ihm einmal aussprechen zu können. Ganz grundsätzlich. Und jetzt? Warum er immer so verschlossen sei, so unwirsch, so abweisend? Ob es nicht Zeit wäre, dass sie beide zusammen in die katholische Eheberatung gingen? Da gebe es jetzt, als pastoralen und caritativen Schwerpunkt, eine hervorragende Fachfrau für Konfliktpsychologie.

Und wenn er nicht zur katholischen Eheberatung muss, dann muss er zum Elternabend, um sich von einer durchgeknallten Lehrerin aufklären zu lassen über seine Verantwortung für die schulischen Leistungen seiner bedenklich zurückgebliebenen Kinder.

Erschöpft sinkt er um Mitternacht ins Bett. Doch an Ruhe kein Gedanke. Ein halbes Dutzend Mal weckt ihn erneuter Schrei-Alarm seiner allerliebsten kleinen Mia. Und wie er dann, im ersten Morgenlicht, aus dem Carport hinauskurvt in den Stau, bewegt den christlichen Familienvater eine einzige Hoffnung: Hoffentlich kann ich mich heute im Büro ein bisschen von meiner Familie erholen!

Wie so anders, ganz anders verläuft doch der Feierabend des christlichen Single! Nach der Arbeit im Auto weit ins Grüne hinauszufahren, daran denkt er nicht. Umweltbewusst schwingt sich der Single auf sein Mountain Bike. Ein paar Minuten später schon steigt er behend hinauf in sein urbanes, großzügig angelegtes Loft. Er schließt die Türe hinter sich. Nichts umgibt ihn als Friede. Ruhe. Stille. Göttlicher Friede in der schnullerfreien Zone seines Einpersonen-Lofts. Konfliktbewältigung in der katholischen Eheberatung? Er weiß gar nicht, was das sein soll.

Die meisten glauben ja, Streit entstehe, weil die Leute einander nicht gut genug kennen. Das Gegenteil ist wahr. Streit entsteht, wo die Leute einander zu nahe kommen. Deshalb herrscht nirgendwo so viel Streit wie in der Familie.

Nähe schafft Konflikte, Distanz schafft Frieden. Am meisten Friede herrscht im Einpersonen-Haushalt. Wie einst ein ägyptischer Wüstenvater unter seiner Palme, so sitzt der moderne Single in seinem Loft und genießt das Glück, allein zu sein.

Wird er gleich, auf seiner neuen Stereo-Anlage von Bang & Olufsen, die »Königlichen Konzerte« von Couperin genießen? Oder wird er lieber ausgehen?

Zu einem Glas mit seinen treuen Facebook-Freundinnen, seinen alten Facebook-Freunden? Oder wird er lieber ein bisschen twittern? Wird er in die Oper gehen oder doch lieber, zur theologischen Fortbildung, in die hochinteressanten Vorträge der Karl-Rahner-Akademie? Eins ist sicher: Auf einem Elternabend wird der Single seine Zeit und seine Nerven bestimmt nicht vergeuden. Und wenn er dann um Mitternacht glücklich entschlummert, wird ihn bis in die Morgenstunde keine kindische Schrei-Verfolgung wecken. Den Singles gibt's der Herr im Schlaf.

Was das alles mit der Religion zu tun hat? Die Antwort überlasse ich Tertullian. Ihm, dem geistreichsten aller Kirchenväter – uns bereits bekannt als Entdecker der Dreifaltigkeit – wird der Satz zugeschrieben:

»Homo naturaliter christianus.«

»Der Mensch ist von Natur aus Christ.« Mit andern Worten: Wer so lebt, dass sich seine menschliche Natur glücklich und gesund entfaltet, der muss gar nicht mehr zur theologischen Fortbildung in die Karl-Rahner-Akademie. Er ist bereits Christ, er ist auf jeden Fall schon auf dem besten Weg, ein Christ zu werden. Lebte Tertullian heute, er würde sagen:

»Singulus naturaliter christianus.«

Statt Kindergeschrei Ruhe. Statt Ehekrach Frieden. Statt Elternabend Konzert. Und Muße statt Stress. Der ganz normale moderne Single mag meinen, er sei ein Heide. Doch das schöne

Leben, das er führt, ist die ideale Voraussetzung für eine klassisch christliche Existenz.

Heißt das, dass jeder ganz normale Single im Grunde ein zweiter Jesus ist? Dies zu behaupten, wäre wohl ein bisschen übertrieben. Aber ein zweiter heiliger Franziskus ist er, ohne es zu wissen, schon.

1980 hat Papst Johannes Paul II den heiligen Franz zum Patron des Umweltschutzes ernannt. Das ist er in der Tat. Aber nicht, weil er den Vögeln gepredigt hat, sondern aus einem ganz andern Grund. In vorbildlicher Weise hat der heilige Franz darauf verzichtet, Kinder in die Welt zu setzen.

Aber heißt es nicht in der Heiligen Schrift »Wachset und mehret euch!« (Genesis 1;28). Ja, das heißt es schon. Aber das ist das Alte Testament. Jetzt sind wir im Neuen. Wir sollten es jedenfalls sein.

Als die Gottesmutter Maria zu Bethlehem gebar, konnte sie das unbedenklich tun. Es lebten ja zu dieser Zeit auf Gottes gesegneter Erde erst etwa 300 Millionen Menschen. Zumindest, was die Umwelt betrifft, lebten sie im Paradies. Als der heilige Franz den Vögeln predigte, waren es nur wenig mehr. Als aber Sören Kierkegaard seiner Braut den Verlobungsring zurückschickte, war der Planet mit über einer Milliarde Menschen schon hoffnungslos übervölkert.

Und jetzt? Nach den zuverlässigen Berechnungen des Population Reference Bureau in Washington waren wir im Jahr 2009 6,809 Milliarden Menschen. Um die Welt vollends zu ruinieren, kommen jeden Tag 221.326 frischgeborene Babys hinzu, 1,5 Millionen herzige Babys jede Woche. Eine demographische Umwelthölle ist das, vor allem auf so katholischen Inseln wie Haiti. Von den Philippinen und von Brasilien wollen wir gar nicht reden.

Möglichst viele Kinder kriegen, das war das Gebot im Alten Testament. Zur Zeit von Zarathustra, Moses und Compagnie hatte es seinen Sinn. Heute dagegen ist es Unsinn. Heute ist die Familie Schoß und Herd jener animalischen Expansion des Menschen, die den ganzen Globus verdirbt.

»Wehe aber den Schwangeren und den Säugenden in jenen Tagen!« (Markus 13;17). Worte Jesu Christi aus seiner Predigt über den Weltuntergang. In der Tat droht der Weltuntergang, wenn sich die Menschheit weiter so vermehrt, wie es das Alte Testament gebot.

Möglichst keine Kinder kriegen, das ist das Neue Testament. Das ist Umweltschutz im Sinne des heiligen Franziskus. Es ist christliche Bewahrung der Schöpfung. Es ist Liebe zur ganzen Welt.

Wir kennen es schon, das Hohelied der Liebe, das uns der Single Paulus im ersten Korintherbrief geschenkt hat. Es ist die eigentliche Charta unserer Religion: »Wenn ich mit Menschen- und mit Engelszungen redete und hätte der Liebe nicht …« (1. Korinther 13;1). Und so zehn Verse lang. Umso mehr fällt auf, wie wenig Menschen sich die Mühe machen, auch noch den nächsten, den elften Vers zu lesen, und so dem Gedankengang des Apostels wirklich zu folgen. Gleich auf den Lobpreis der Liebe nämlich lässt Paulus ein Wort eindringlicher Ernüchterung folgen:

»Als ich ein Kind war, da redete ich wie ein Kind,
dachte wie ein Kind und war klug wie ein Kind.
Als ich aber ein Mann wurde,
tat ich ab, was kindisch war«
(1. Korinther 13;11).

Das ist die Botschaft des Single Paulus. An die Korinther einst, an uns alle heute. Nicht kindisch zurückgeblieben sei die christliche Liebe. Erwachsen sei sie, offen und frei. »Freiheit ist das Element der Liebe«, schrieb Sören Kierkegaard an Regine Olsen.

Christliche Kirche, komm heraus dem Ghetto infantiler Familiengläubigkeit! Bekehre dich zur Welt und bekehre dich zu dir selbst! Im Namen Sören Kierkegaards, bekehre dich zu ihm, der uns vorausgegangen ist in ein Leben der Freiheit:

Jesus, der erste Single!